Arnold Ruge

edition paulskirche

Bibliothek der frühen Demokratinnen
und Demokraten

Herausgegeben von: Jörg Bong, Ina Hartwig,
Helge Malchow, Nils Minkmar, Walid Nakschbandi
und Marina Weisband

Idee und Konzeption: Jörg Bong
Editorische und redaktionelle Leitung:
Rüdiger Dammann
Gestaltung: Kurt Blank-Markard

In Kooperation mit:

STADT FRANKFURT AM MAIN

Arnold Ruge

Wesen und Zweck des Staates ist der Mensch

Mit einem Vorwort
von Herfried Münkler

1. Auflage 2023

© 2023, Verlag Kiepenheuer & Witsch, Köln
Alle Rechte vorbehalten
Satz: Kurt Blank-Markard
Cover: Leipzig Lithographische Anstalt J. G. Bach, 1850
Gesetzt aus der Adobe Jenson Pro
Druck und Bindung: GGP Media GmbH, Pößneck

ISBN 978-3-462-50009-7

REFORM ODER REVOLUTION?
ARNOLD RUGES DISSENS MIT KARL MARX
Vorwort von Herfried Münkler

Arnold Ruges politisches Leben gleicht einer Kreisbewegung: Zunächst ist Ruge, auf der Insel Rügen am 13. September 1802 als preußischer Staatsbürger geboren, durch eine starke Affinität zu Preußen geprägt, geht in den 1840er Jahren dann auf politische Distanz, um sich unter dem Eindruck der Politik Bismarcks, wie eine ganze Reihe der »1848er«, schließlich Preußen wieder anzunähern. Im Vormärz ist Preußen für ihn zunächst der Staat der Stein-Hardenbergschen Reformen, wie er von Hegel in der *Rechtsphilosophie* als Inbegriff der politischen Vernunft beschrieben worden ist. Dass das realexistierende Preußen in vieler Hinsicht unterhalb des von Hegel vorgegebenen Vernunftniveaus blieb, hat der Junghegelianer[1] Ruge durch-

---

1   Die Gruppe der Junghegelianer hatte sich in der zweiten Hälfte der 1830er Jahre formiert. Der Begriff stammt von David Friedrich Strauß, der ihn als Parteibezeichnung für diejenigen prägte, die an Hegels Dialektik festhielten, aber den Systemgedanken verwarfen und obendrein eine religionskritische Position vertraten. Insgesamt repräsentieren die Junghegelianer eine gesellschafts- und politikkritische Sichtweise, während die Althegelianer konservativen Positionen anhingen.

aus gesehen; aber als einem Staat der institutionalisierten Reformfähigkeit aus protestantischem Geist vertraute er auf die preußische Fähigkeit, sich von innen heraus immer wieder zu reformieren und sich auf diese Weise der Hegelschen Beschreibung anzunähern.

Das Antriebsmoment dieser permanenten Selbst-Reformierung war in Ruges Vorstellung die kritische Publizistik, als deren Vertreter und Organisator er bis zur Revolution von 1848/49 agiert hat. Dass der Geist der Aufklärung als die sich selbst reflektierende Vernunft in Preußen einen angestammten Platz hatte, war für Ruge durch zweierlei verbürgt: durch den Protestantismus als eine prinzipiell antidogmatische Denkart und durch die Praxis der politischen Reformen in der Zeit der Befreiungskriege, die für Ruge das Gegenstück zur Französischen Revolution und deren verheerende Folgen in der Phase des *terreur* unter Robespierre war. Es kam also nicht von ungefähr, dass Ruge 1848 unter dem Eindruck der revolutionären Zuspitzung in Deutschland eine Zeitschrift unter dem Namen *Die Reform* gründete. Der protestantische Geist und eine Politik der Reformen gehörten für ihn zusammen, und beider Element und Lebenselexier waren eine offene Debatte und freie Diskussion.

Solange die preußische Administration die Junghegelianer mit Ruge als deren politischem Kopf gegen die denunziatorischen Verfolgungsaufforderungen des konservativen Hallenser Historikers Heinrich Leo schützte – Leo hatte die Junghegelianer als eine »revolutionäre Rotte« bezeichnet –, vertraute Ruge auf den preußischen Staat. Doch als sich die Eingriffe der Zensur in die redaktionelle Arbeit der von Ruge herausgegebenen *Hallischen Jahrbücher* mehrten und diese schließlich mit Publikationsverbot belegt wurden, ging er auf Distanz zu Preußen: Es entsprach nicht mehr dem Bilde, das er sich unter dem Einfluss Hegels von ihm gemacht hatte.

Ruge hat die Politik unter König Friedrich Wilhelm IV., den man auch als den »Romantiker auf dem Königsthron« bezeichnete und der die Monarchie auf einer in romantischem Geist erneuerten Religion begründet wissen wollte, als Verrat am preußischen Wesen, den Abfall Preußens von sich selbst, als Absage an den protestantischen Geist, an die Aufklärung als Inbegriff der politischen Vernunft und die Politik des permanenten Reformierens begriffen. Er hat dies als ein Überlaufen zum Katholizismus und zur Romantik bezeichnet und ist in seinen streitbaren Essays gegen beides zu Felde gezogen. Hatte er zuvor publizistisch an der Herausbildung einer demokratisch grundierten politischen Urteilsfähigkeit des deutschen Bürgertums gearbeitet, wobei er die Leser in langen Abhandlungen und Rezensionen mit den in linkshegelianischen Kreisen geführten Diskussionen vertraut machen wollte – von der Leben-Jesu-Forschung und der historisch-philologischen Kritik des Christentums bei David Friedrich Strauß und Bruno Bauer bis zur materialistischen Grundlegung einer neuen Philosophie durch Ludwig Feuerbach –, so polemisierte er nun gegen die »Philister« und »Spießbürger«, die das Bürgertum in Deutschland dominierten und deren selbstzufriedene Bequemlichkeit jeden Reformdruck aus der Politik herausgenommen habe. Ruges Distanzierung von Preußen fällt insofern mit einer Kritik am deutschen Bürgertum zusammen. Der zuvor politisch-pädagogische Duktus seiner Schriften wurde durch eine invektive Polemik abgelöst, wie sie sich in einigen der hier abgedruckten Artikel Ruges findet.

Es war dies die Zeit von Ruges größter Annäherung an Karl Marx, mit dem er in Paris die *Deutsch-Französischen Jahrbücher* herausgab (von denen freilich nur ein Band erschien, und von dem fanden nur wenige der in der Schweiz gedruckten Exemplare den Weg nach Deutschland, da sie von den Behörden grenznah konfisziert wurden). Ruge und Marx kannten sich aus den Kreisen der Berliner Junghegelianer, hatten beide als Publizisten beziehungsweise Journalisten auf die politisch-aufklärerische Wirkung des Zeitungs- und Zeitschriftenwesens gesetzt (Marx als Redakteur der *Rheinischen Zeitung*, die dem liberalen Kölner Bürgertum nahestand) und dabei auf die Kraft des besseren Arguments vertraut. Die gegen die *Hallischen Jahrbücher* wie die *Rheinische Zeitung* erlassenen Publikationsverbote ließen sich als eine Bestätigung ihres Vertrauens auf die Wirksamkeit der öffentlichen Aufklärung begreifen. Aber was half dies, wenn ihnen mit den Publikationsorganen die Möglichkeit zum Eingreifen in die öffentliche Debatte genommen wurde? Also entzogen sie sich dem preußischen Zugriff, indem sie den Redaktionsstandort nach Paris verlegten und die *Deutsch-Französischen Jahrbücher* in der Schweiz drucken ließen. Durch die Konfiszierung der meisten Exemplare bei deren Einschmuggeln nach Deutschland blieb ihre publizistische Wirkung jedoch beschränkt.

Aber auch ohne diese logistischen Probleme währte die Zusammenarbeit zwischen Marx und Ruge nicht lange, da beide recht unterschiedliche Vorstellungen von der weiteren politischen Entwicklung in Deutschland und insbesondere in Preußen hatten: Ruge setzte auf kontinuierliche Reformen, weil er die politischen und sozialen »Kosten«, wie sie die Revolution in Frankreich verursacht hatte, vermeiden wollte und die publizistische Beeinflussung der öffentlichen Meinung als Alternative zum revolutionären Umsturz ansah, während Marx die publizistische Tätigkeit eher als eine Vorbereitung der Revolution begriff und dementsprechend seine Texte schrieb. Der Dissens zwischen beiden kann paradigmatisch als der zwischen einer konsequent demokratischen und einer revolutionären Position im Vormärz begriffen werden. Während Ruge auf einen demokratischen, reformoffenen Staat setzte, war Marx vom allmählichen Absterben des Staates überzeugt, in dem er wesentlich ein Herrschaftsinstrument sah.

Unbeschadet dieser gegensätzlichen politischen Perspektiven ging es beiden darum, den politischen Elan der Franzosen und die gründliche philosophische Reflexion gesellschaftlicher Entwicklungen bei den Deutschen zusammenzubringen und im Sinne einer Hegelschen Synthese miteinander zu vermitteln. Das war die Grundidee der *Deutsch-Französischen Jahrbücher*. Aber während es Marx dabei um eine neue Grundlegung der revolutionären Entwicklung ging, in deren Verlauf die voluntative und damit kontingente Dimension des französischen Revolutionarismus durch eine geschichtsphilosophische Entwicklungstheorie unterbaut wurde, interessierte sich Ruge sehr viel stärker für eine Völkerverständigung zwischen Deutschen und Franzosen, die unabhängig von einer politischen und sozialen Revolution in beiden Ländern wirksam werden sollte.

Ruge hatte dabei die Feindschaftsvorstellungen im Auge, wie sie nach den napoleonischen Eroberungen sowie den antinapoleonischen Befreiungskriegen von 1813/14 in beiden Ländern, vor allem in Deutschland, entstanden waren. Er bezog damit gegen die Deutschtümelei Stellung, die zumal von Ernst Moritz Arndt, dem Dichter der antinapoleonischen Kriege, und dem »Turnvater« Friedrich Ludwig Jahn gepflegt wurde, und die für ihn wie übrigens auch für Marx, eine zentrale Ingredienz des deutschen Spießertums war. Die Deutschtümelei war in Ruges Augen obendrein ein Bollwerk gegen die Aufklärung und den politischen Fortschritt, das der politischen Verständigung und Pazifizierung Europas entgegenstand. Vor allem aber hatte der affirmative Bezug auf die Befreiungskriege dazu geführt, dass sich in Preußen eine politisch enge Bindung an Russland und den Zaren entwickelt hatte, die Preußen dem Westen Europas entfremdet und in ein Bündnis mit den in Ruges Augen reaktionären Mächten Russland und Österreich gebracht hatte. Demgemäß war seine politische Publizistik zeitweise vor allem gegen die Deutschtümler gerichtet.

Ruges Eintreten für eine europäische Abrüstung in Verbindung mit einem großen Friedenskongress der europäischen Völker in der Nationalversammlung von 1848 in der Frankfurter Paulskirche ist nicht nur als ein Beitrag zur internationalen Ordnung West- und Mitteleuropas zu verstehen, sondern sollte auch der demokratischen Entwicklung im Innern der Staaten zugutekommen. Ruges Resolutionsvorschlag und seine ihn begründende Rede mit der Forderung nach Freiheit für Italiener und Polen war eine antiimperiale Intervention, die auf die Errichtung einer Friedensordnung der Nationalstaaten in Europa abzielte: auf den Rückzug der Habsburger Monarchie aus Nord- und Oberitalien, auf die Revision der Aufteilung Polens zwischen Russland, Österreich und Preußen mitsamt der Wiedererrichtung eines polnischen Staates und nicht zuletzt auf das Aufgehen Preußens in einen deutschen Nationalstaat als politischen Raum der Freiheit und Demokratie.

Man kann darin Ruges Gegenentwurf zur Umgestaltung der politischen Landkarte Europas durchaus als eine sozialistische Revolution ansehen, wie sie Marx und seine Anhänger anstrebte. Dabei trat Ruge sehr wohl auch für eine nachhaltige soziale Ausgestaltung der Staaten ein, wollte dies aber im Nachgang zur nationalstaatlichen Umgestaltung der politischen Landkarte und in Abhängigkeit von der jeweiligen inneren Entwicklung dieser Staaten verstanden wissen. Auch darin trennte sich sein Weg von dem des Karl Marx und dessen Anhängerschaft. Auch wenn beide nach dem Scheitern der Revolution von 1848/49 als politische Emigranten in England lebten, hatten sie keinen Kontakt mehr zueinander, sondern markierten, wenn sie sich aufeinander bezogen, ihren politischen Dissens.

Es waren Ruges Vorstellungen von der europäischen Ordnung, die ihn im Exil mit dem Italiener Giuseppe Mazzini, dem Franzosen Alexandre Auguste Ledru-Rollin und dem Ungarn Lajos Kossuth im »Europäischen Demokratischen Komitee« zusammenarbeiten ließ, aus dem sich aber Ruge mehr und mehr zurückzog, als dessen politische Einflusslosigkeit deutlich wurde. Seit 1866, dem preußisch-österreichischen Krieg, und dem Erkennbarwerden von Bismarcks Reichseinigungspolitik, näherte sich Ruge wieder zunehmend Preußen an. Für eine »kleindeutsche Lösung« unter Ausschluss der Habsburger und deren Vielvölkerstaat war er von Anfang an eingetreten, und Bismarcks Politik erschien ihm nunmehr als eine praktische Umsetzung seiner eigenen Ideen über die politischen Neuordnung Europas. In einigen publizistischen Beiträgen unterstützte Ruge diese Entwicklung, wofür ihm Bismarck ab 1877 einen »Ehren-sold« von 3 000 Reichsmark im Jahr auszahlen ließ. Auch bei Marx hatte Bismarck versucht, ihn an Preußen heran-zuführen, dabei aber auf Granit gebissen. Am 31. Dezember 1880 ist Arnold Ruge in Brighton gestorben.

FREIHEIT UND NATUR

Der Mensch ist Natur, die Natur wird Mensch. Die Menschennatur ist das Element einer eigenen Welt. Die auf sich selbst beruht. Der Mensch ist das Wesen der Natur, welches frei geworden ist. Das Tier ist ein unfreies Naturwesen. Die Selbstbestimmung des Tiers ist seine willkürliche Bewegung in der Natur. Diese gibt noch keine Freiheit, keine zweite Natur, keine *eigene* Welt. Die freie Bewegung geht über die erste Natur hinaus, sie ist Bildung der Menschennatur. Der Freie bringt sich und seine Welt hervor. Seine Selbstbestimmung ist ganz die seinige; sie erhebt sich zum Selbstbewusstsein und gründet ihm eine eigene Welt.

Das Wesen des Menschen, seine Eigentümlichkeit, wodurch er sich nur vom Tier unterscheidet, ist die Freiheit; sie ist das Leben und die Tätigkeit der Menschenwelt. Erst das Produkt dieses Lebens und dieser Tätigkeit ist der wirkliche Mensch. Er ist das freie Wesen, das einzige Wesen der Freiheit. Der Mensch ist erst dadurch Mensch, dass er sich und seine Welt *hervorbringt*. Er ist frei, d. h. er ruht auf seiner eigenen Tätigkeit. Er gestaltet die Natur und bildet sich selbst, d. h. er macht die Natur und die Menschenwelt zu dem, was sie sein sollen. Das Tier lässt die Natur und sich selbst, wie sie sind. Will man Natur und Freiheit einander entgegensetzen, so ist die Natur, die bleibt, wie sie ist, der Gegensatz zu der Natur, die zur menschlichen Bildung erhoben wird. Das wahre Menschenbild, der wahre Mensch, ist das Prinzip und der Zweck, der Anfang und das Ende der Freiheit. Die Freiheit ist die befreite Natur, die befreite Natur ist der Mensch. Gäbe es keine befreite Natur, so existierte keine Freiheit, gäbe es kein Wesen, welches die befreite Natur in eigener Person darstellte, so gäbe es keine Möglichkeit, die Natur zu befreien.

BEFREIUNG

Freiheit ist die zweite Welt, welche die Menschheit in der natürlichen Welt hervorbringt. Sie ist dies ihr eigenes Produkt. Wie befreit sich der Mensch? Hegel sagt, »indem er sich aus der rohen Natur befreit und seine wahre Natur erreicht«. Und wie erreicht er diese? Indem er sich in die Arbeit der Gesellschaft wirft. Hier kultiviert er die rohe Natur außer sich und in sich. Selbst den Erwerb des eigenen Leibes, des gereinigten aus dem Fell und Schmutz der Natur befreiten, des gehorchenden, des kultivierten, des schönen Leibes, er verdankt ihn der Gesellschaft und ihrer Bewegung der Arbeit.

Die *Arbeit* des Menschen in jeder Hinsicht ist die Produzierung des Menschen durch die Produzierung aller seiner Bedingungen, sie ist unter diesem, dem einzig wahren Gesichtspunkt die *Befreiung*. Eine Freilassung aus der Befreiung – die Fiktion des Privatmenschen, der sich auf seine ihm garantierte Privatsache stützt – ist die Schöpfung der Sklaverei. Von der Bewegung der Menschenwelt befreit zu sein, ist Privatleben, Beraubung des höchsten Gutes, Verbannung aus dem Leben in den Tod. Diese Bewegung im Gegenteil ist der einzige Genuss und das höchste Interesse.

Ihre Ordnung die *Freiheit*, die Vereinigung zu dieser Ordnung der *Staat*. Die Theorien, welche die Menschen mit oder ohne Besitz, mit oder ohne garantierte Sachen, sich selbst überlassen und die Ordnung der Freiheit nicht als durchgreifende Ordnung für alle und über alles verstehen, führen zur Verwahrlosung und Sklaverei. Die Einzelnen, die vorteilhafter gestellt sind (...), werden die Herren der Massen. Nur wenigen sind die nötigen oder gar überflüssige Sachen garantiert, nur zufällig, wie sie einer gerade hat oder erlangt, während der wahre Sinn der Freilassung der wäre: jedem genug zu garantieren und ihn alsdann gewähren zu lassen. Das ganze Verhältnis ist gleich dem natürlichen freigelassenen Leben der Tiere, es ist vom Bewusstsein über die ganz andere Natur des Reichs der Freiheit vollständig entblößt. Das Reich der Freiheit fordert eine gesellige Ordnung, entworfen aus dem Gesichtspunkt, jeden Einzelnen wirklich zu befreien oder zu seiner Selbstbefreiung anzuleiten.

Offenbar ist ohne Vereinigung, ohne Einheit des Bewusstseins, ohne Gemeinwillen keine Gesellschaftsordnung zu erreichen. *Vor dem Staat gibt es keine Gesellschaft.* Jede Gesellschaft, die sich vollkommen auf sich stützt und nach eigenem Willen bewegt, jede souveräne Gesellschaft ist Staat. Die souveränen Gesellschaften sind Privatgesellschaften gegeneinander.

Der Begriff der Souveränität hat denselben Ursprung wie die Unabhängigkeit des freigelassenen Privaten, den garantierten Besitz, die ausgesonderte Sache, den festgesetzten Willen, Gesetz und Vertrag.

Was ist das Gesetz? Ist es nur der fixierte Wille? Der Wille im Ganzen ist die Aktivität der geselligen Vernunft und deren konstante Formen die Sitte. Denn Sitte ist die Form, in der sich die gesellige Bewegung und Arbeit wiederholt. Was ist in dieser Bewegung das Gesetz? Es ist der Ausdruck der Sitte, der geselligen Ordnung. Die Gesetze der menschlichen Gesellschaft sind die allgemeinen Formen ihrer vernünftigen Erscheinung. Die *wahre* Erscheinung ist *das Gesetz*, wie der wahre Mensch das Wesen des Menschen. Von der wahren Erscheinung abzuweichen, ist ungesittet, dem wesentlichen Ausdruck eines vernünftigen Verhältnisses in der Sozietät nicht entsprechende Handlungen treten unter die Zensur der Gesellschaft: die Konvenienz. Die Gesetze der Freiheit sind keine Dekrete, sondern Lebensformen. Anders die Gesetze des Despoten. Sie sind seine Einfälle und haben die Befriedigung seiner Launen, Pläne, Wünsche zum Zweck. Seine Befehle sind die Gesetze der Untertanen. Die einzige Form, die sie nötig haben, ist, dass sie publiziert werden. Die Gesetze des beherrschten Menschen sind die bekanntgemachten Befehle ihrer Herren. Die Bekanntmachung bindet die Willkür. Sie sagt laut und bestimmt, was sie jetzt will. Morgen will sie es vielleicht nicht mehr, und es ist verdrießlich, dass die Leute wissen, was gestern gewollt wurde. (...)

Ist die wahre Erscheinung des Menschen erreicht, so ist ihre gesellschaftliche Existenz das Gesetz, das Gesetz wird Mensch, die gute Gesellschaft stellt dies dar. Das Gesetz realisieren, heißt es personifizieren. Dieselbe Bewandtnis hat es mit dem Eigentum. Der Zweck des Eigentums ist, den Menschen zu befreien. Durch die bloße Unabhängigkeit wird dieser Zweck nicht erreicht. Das Eigentum wird also eine Eigenschaft des Arbeiters oder »des Menschen der bürgerlichen Gesellschaft«, wie Hegel sich ausdrückt, werden müssen, um befreiend zu wirken, d. h. das Eigentum wird personifiziert und in Wirksamkeit gesetzt.

Das Eigentum als Eigenschaft des Arbeiters in einem bestimmten Material und auf eine ihm und seinesgleichen eigene Art, erzeugt den Stand. Was ist der Stand? Spezifische Arbeit. Wodurch spezifiziert sich die Arbeit? Durch Neigung und Geschick, durch Schicksal trotz der Abneigung, indem die Not den Einzelnen ergreift und ihn an einem Punkt fesselt, wo er zufällig zu wirken vermag. Dies letztere ist gegen das Wesen des freien Standes, der die Wahl seiner Arbeit einschließt. Was ist die Wahrheit des Standes? Die Realisierung seines wahren Zwecks. Sein wahrer Zweck ist, durch die spezifische Neigung der verschiedenen Menschen alle Arbeiten der Gesellschaft zu leisten. Das Auge und die Aufmerksamkeit des Menschen richten sich auf eine bestimmte partikulare Sache. Man braucht diese Sache. Zugleich bestimmen sich Menschen dazu, sie hervorzubringen.

Die Hervorbringung ist *für* den Menschen, nicht *wider* ihn. Es kommt darauf an, dass die Gesellschaft als solche überall die Unternehmerin sei und jeden Arbeiter in seinem Werk auch seine eigene Freiheit erhalten und finden lasse. Jedes Werk ist gleich nötig und gleich ehrenvoll, sobald es ein Bedürfnis der Menschen ist, die Staatsgesellschaft unternimmt es für das Bedürfnis die Einzelnen vollenden es in der Gewissheit, einem Freiheitsbedürfnis zu entsprechen. Der Stand wird frei, wenn jeder unmittelbar für das Staatsunternehmen arbeitet, dem seine Kräfte entsprechen. Wer auf diese Weise eine bestimmte Arbeit ausführt, weiß, dass für sie das Bedürfnis vorhanden ist, so wie er umgekehrt der Sorge für seine eigenen Bedürfnisse durch die entsprechende Arbeit eines anderen Standes sicher ist. Sein Stand entreißt ihn dem Zufall und der Not. Der Stand ist daher eine höhere Form des Eigentums, nicht bloß Loslassung des einzelnen, sondern Sicherung seiner Tätigkeit, d. h. seiner Person und Freiheit im allgemeinen Vermögen. Er hat durch seine bestimmte Produktion sein Schicksal im System der Bedürfnisse gesichert. Aber er wäre dem Zufall überlassen, wenn seine Kräfte nicht vom Staat herbeigezogen, sondern von Privatmenschen ausgebeutet würden. Industrie und Ausbeutung der Arbeit zu Privatzwecken. Die Arbeit ist der Mensch, seine Betätigung, seine Verwirklichung; die Ausbeutung des Menschen zu einem Zweck, der nicht sein eigener ist, bringt die Sklaverei hervor.

Die freie Arbeit der ganzen vereinigten Gesellschaft ist dagegen die Geschichte, und der höchste Genuss jedes Individuums ist die direkte Teilnahme an dieser Arbeit. Jedes Geschäft ist fähig, direkt für die Gesellschaft zu wirken. Die Geschichte hat die verschiedenen Staatsgesellschaften erzeugt, sie erreichen aber erst ihren Zweck, wenn jede Staatsgesellschaft in bewusster Ordnung die gesamte Arbeit durchdringt und jedem einzelnen die Teilnahme an der Geschichte, d. h. der allgemeinen Betätigung der Menschheit zu ihrem Zweck der Selbstbefreiung sichert.

Was wollen die verschiedenen Staaten erreichen? Den Reichtum der Menschheit, den Menschen und seine mannigfaltige, reiche Welt. Die verschiedenen Staaten haben nur einen Zweck, die Befreiung des Menschen unter den verschiedenen Verhältnissen seines Daseins, den Menschen als

Produkt der Weltgeschichte. Der Mensch macht sich, indem er die Geschichte macht, und er macht Geschichte, indem er alle Völker der Erde humanisiert und befreit. Da zu diesem Zweck jedes Geschäft nötig ist, so ist jeder ein Befreier und ein zu Befreiender.

POLITISCHE THESEN

Folgende Sätze brauchte man nicht aufzustellen, wenn sie nicht noch bestritten würden.

1. Es gibt keine Sklaven in einer menschlichen Gesellschaft. Einzelne Menschen und menschliche Gesellschaften oder Staaten können nicht besessen, sondern nur nach dem Recht Aller regiert werden.

2. Die freie Person ist die Quelle alles Rechtes, alle Personen sind also gleichberechtigt, d. h. jeder Einzelne mit seinem wahren Interesse ist der Zweck der Staatsgesellschaft. Die Person eignet sich die Außenwelt an, dabei steht sie anderen Personen gegenüber; und breitet ihren geistigen Einfluss aus, damit dringt sie in das Innere der anderen Personen ein; sie erwirbt Eigentum und Ansehen. Das Ansehen erwirbt ihr öffentliche Funktionen. Die Ungleichheit des Besitzes, des Ansehens und der Funktionen entsteht durch die verschiedenen Kräfte und Fähigkeiten, nicht durch die verschiedenen Rechte der Personen. Weil die Personen körperlich und geistig verschieden sind, so müssen sich überall notwendig diese äußerlichen Ungleichheiten erzeugen, dies darf aber nur geschehen soweit sie der wesentlichen Gleichheit, d. h. der

persönlichen Freiheit der Menschen nicht gefährlich werden. Alle Funktionen und Besitzstände, welche das ewige unveräußerliche Recht der freien Person gefährden oder aufheben, werden von allen Völkern, die Verstand genug haben, um Freiheit von Sklaverei zu unterscheiden, nach diesem Prinzip immer neu reguliert. Güter, an welche sich im Laufe der Zeit Leibeigenschaft der Arbeiter geknüpft hat, verlieren eine solche Usurpation im Laufe der Bildung. Sklavenbesitz ist kein Recht, sondern ein absolutes Unrecht, Zustände, welche die Sklaverei bedingen, sind es ebenfalls. Da alles positive Recht nur aus der freien Person her fließen kann, so kann kein Recht poniert werden, das sie aufhebt oder gefährdet.

3. Die Gesellschaft freier Personen, der Staat, bestellt aus sich einen Ausschuss zur Besorgung seiner Geschäfte, die Regierung. Sie repräsentiert immer die Mehrheit der Staatsbürger. Wo sie es nicht tut, entstehen Revolutionen.

4. Die Opposition ist ein Ausschuss der Staatsgesellschaft zur Kontrolle der Regierung. Sie repräsentiert eine Minderheit, welche Mehrheit zu werden sucht.

5. Die Unterdrückung der Opposition und der Organe der Minderheit durch die Mehrheit ist Unterdrückung der Freiheit und des Rechts. Freie Personen werden dadurch verhindert, ihre Ansicht von dem wesentlichen Zweck eines Jeden zur Staatsansicht zu erheben. Sie werden geistige Sklaven und in ihrem Recht, ihr Ansehen bei ihren Mitbürgern zu erhöhen, gekränkt. Das geistige Recht der »freien Person«, ihren Einfluss auszubreiten, ist nicht minder wichtig, es ist wesentlicher als das äußerliche Recht, Eigentum zu erwerben. Die Sicherung der freien Person und des Eigentums schließt das gesicherte Recht der Opposition und ihrer Organe in

sich. Die Majorität kann ihre Beschlüsse zu Gesetzen erheben, aber sie kann das Recht der freien Person in keiner Form antasten, ohne die Gesellschaft aus der Freiheit in die Sklaverei, aus dem Rechtszustand in den der Gewalt zu stürzen.

6. Die Presse in den Journalen ist die permanente Debatte zwischen Regierung und Opposition, zwischen Mehrheit und Minderheit. Eine Debatte ist nur denkbar unter Gleichberechtigten und Freien. Die Regierung hat den Vorteil der gewohnten und eingelebten Einrichtung, die Opposition den der Kritik und des Ideals, dem das Bestehende zugeführt werden muss.

7. Wenn die Opposition die Mehrheit im Volk und bei den Deputierten gewinnt, so wird sie Regierung. Wo dies nicht der Fall ist, da herrscht noch kein Staatsleben. Das Rechtsgefühl ist dort noch nicht so weit entwickelt, dass es die Gesellschaft in friedlichen Krisen durch Ministerwechsel zu neuen Maximen und Prinzipien treibt.

8. Die Presse kann kein Verbrechen begehen. Das Schlechte und Unvernünftige lässt sich öffentlich nicht durchsetzen, wohl aber die Aufhebung des Unvernünftigen, und diese ist immer eine Wohltat.

9. Ein Volk ohne Pressefreiheit lebt in Sklaverei. Es lässt sich den Mund zuhalten und findet darin weder eine Beschimpfung noch eine Gewalttat.

10. Die Person, das Recht, das Eigentum sind nicht eher unverletzlich und heilig, als bis es keine Ausnahmen gegen irgendeine Person, irgendein Recht, irgendein Eigentum mehr gibt.

11. Die Jury ist die einzige Bürgschaft der Gerechtigkeit. Nur das öffentliche Gericht nach dem Gewissen des Volks, nicht

ein heimliches Verfahren nach dem toten Mechanismus der Techniker ist fähig, ein sittliches Gewicht auszuüben und dem Gemeingefühl des verletzten Rechts eine Bürgschaft, dem persönlichen Recht des Angeklagten eine Vertretung zu geben.

12. Der öffentliche Unterricht verdient den Aufwand, den das Militär nicht verdient. Dieser Aufwand ist imstande, das Militär zu ersetzen, die Verbrechen zu vermindern und die Lehrer zu der ehrenvollen und angenehmen Stellung zu erheben, welche sie im Staate verdienen und bis jetzt noch nicht genießen. Wir verstehen unter Lehrern nicht nur die wissenschaftlichen, sondern auch die künstlerischen, technischen und militärischen.

13. Die Probleme des Sozialismus sind alle in dem einen Prinzip enthalten, dass die freie Person und die Befreiung jedes Einzelnen der Zweck und die Aufgabe des Staats und des Staatsmitgliedes sind. In dem Trieb zu dieser Befreiung ist die Religion, in der Befriedigung dieses Triebes durch die Tat ist die Religionsübung unserer Zeit enthalten.

DIE HALLISCHEN UND
DEUTSCHEN JAHRBÜCHER

Die Kritik auf allen Gebieten, auf dem der Kunst, der Wissenschaft, überhaupt der geistigen Wirklichkeit – die Begleitung der werdenden Geschichte mit der Teilnahme des Praktikers und mit der Kritik des Philosophen, diese Aufgabe des Journals ging weiter als die Tragweite der gelehrten und politischen Zeitungen unserer Vorzeit, um von dem jetzigen Zustande zu schweigen. Zugleich war es hier nicht bloß auf die Kritik der Theologie und Schulphilosophie abgesehen. Die Jahrbücher, welche von 1838–43 erschienen und im Jahr 1843 (ebenso wie die Rheinische Zeitung) durch eine polizeiliche Maßregel unterdrückt wurden, machten von Anfang an die Entwicklung zum Prinzip. Sie wollen die Geschichte mitleben und mitmachen, sie stellen daher an sich selbst die Zeit dar. Ebenso angeregt als fortreißend werden sie die bewusste Praxis der historischen Dialektik, eine bis dahin unerhörte Erscheinung. Immer hatte der Lokalgeist irgendeiner Universität, immer eine fertige Farbe die gelehrten Zeitungen beherrscht, nie war weder eine Redaktion noch ein Kreis von Mitarbeitern kühn genug, die Kritik der prüfenden Zeit selbst ans Ruder zu stellen.

Dies ist der Vorzug der Jahrbücher. Ihre Geschichte ist ein Stück Zeitgeschichte.

Es war zuerst die grobe Reaktion, mit der die Jahrbücher in Kampf gerieten. Gegen die katholischen und protestantischen Jesuiten ergriffen sie die Fahne der »protestantischen oder philosophischen Freiheit«. Die deutschen Jesuiten hatten damals in Berlin unter ganz besonderer Protektion ein Reaktionsjournal, »Das politische Wochenblatt« gestiftet. Die katholischen Ultras (…) und die protestantischen Restaurateure (…) und andere Obskuranten in Berlin verteidigten Don Karlos, die Kirche und den Adel. Daneben wirkte die reine Priesterpartei in »Hengstenbergs evangelischer Kirchenzeitung«. Dieser Richtung waren die Jahrbücher sogleich verdächtig, schon darum, »weil sie nicht tot wären, wie die althegelsche Literatur, sondern im Gegenteil eine sehr gefährliche Lebenskraft des philosophischen Geistes in Deutschland verrieten«. Der schamloseste Schreier für allen Unsinn der deutschen Vorzeit war der hallische Professor Leo[2], ein verbissener, unflätiger Skribent, aber lebhaft, keck und rasch mit der Feder. Seine Schriften sind philosophisch und künstlerisch roh, aber sie hatten ihm, vorzüglich unter den Katholiken, einen Ruf erworben und die Protestanten wenigstens betroffen gemacht durch Paradorieen, wie (…) die Polemik gegen die Reformation und die Kapuzinaden gegen die Revolution. Mit diesem Vorkämpfer der gröbsten politischen und religiösen Reaktion geriet das Journal gleich bei seiner Eröffnung in eine Fehde, die unter dem Namen

2 Heinrich Leo, Historiker und preußischer Politiker, war zu jener Zeit Professor für Geschichte in Halle, lehnte jegliche Neuerung ab und war ein Gegner der deutschen Einheitsbestrebungen.

»der neohegelsche Streit« ein sehr ausgebreitetes Interesse erregte. Die unmittelbare Folge davon war eine Aufklärung der Jugend und eine Sammlung der besten Köpfe gegen die Reaktion. Leo aber kam dabei gelegentlich um den Ruf seiner Schriftstellerei, ja, sogar seiner Gelehrsamkeit und existiert jetzt nur noch als psalmodische Ruine in den heiligen Hallen des Pietismus. (…)

Dieser Kampf hatte eine förmliche Charakteristik des Pietismus zur Folge. Feuerbach sagte bei dieser Gelegenheit, das Christentum sei immer gegen die Wissenschaft gewesen. Sein Aufsatz wurde von der Zensur gestrichen und erschien später selbstständig unter dem Titel: »Philosophie und Christentum«.

Für den Augenblick wurde hier die Kritik der religiösen Welt abgebrochen. Dagegen eröffnete das Journal eine Übersicht und Beurteilung der literarischen Romantik unter dem Titel: »Protestantismus und Romantik«, welche die letzten fünfzig Jahre der deutschen Geistesentwickelung unter diesem Gesichtspunkt, d.h. dem des Rückfalls von der Aufklärung fasste. Die deutsche Romantik ist Restauration des Christentums unter den Formen der Bildung, Aufklärung, Genialität, Poesie und selbst der Philosophie. Sie ist Kombination zweier unverträglicher Elemente, die wir in ihrer reinsten und schroffsten Gestalt am Hegelschen System weiter oben nachgewiesen haben. Die Kritik in den Jahrbüchern zeigte sich damals aber noch zu sehr in der Hegelschen Philosophie befangen, um diese einfache Lösung auszusprechen. Indessen war es gerade die philosophische Umhüllung, welche die Veröffentlichung der Kritik möglich machte. Ihre Wirkung auf die gebildete Welt in Deutschland wurde aber nur bedeutender und fühlbarer durch den Zeitgeist, den sie zu brechen hatte. Jeder griff an seinen Busen und erkannte, dass er ein Romantiker war. Die romantische oder christliche Geistesverdunkelung beherrschte damals bei uns, wie jetzt in Frankreich, alles, selbst die Philosophie, selbst noch diese Kritik der Romantik, welche die Jahrbücher unternahmen. Diese Kritik war aber zum Bedürfnis der Zeit geworden. Die »Tiefen«, die »Überschwänglichen«, die »Unergründlichen«, die Jacobi, Hamann, Jean Paul, Schlegel, Tieck und vor allen Novalis und Schelling mussten ans Licht gezogen und in ihrer Blöße dargestellt werden. Die Aufsätze gegen die Romantik wurden in einer wesentlich politischen Absicht geschrieben. Es kam darauf an, das Abendrot des philosophischen Preußens zu benutzen und mit ihm das romantische oder reaktionäre System, noch ehe es förmlich die Zügel des ersten deutschen Staats ergriffen, zu beleuchten, um einer noch unbefangenen Zeit das Prinzip ihrer offiziellen Zukunft (Schelling und Tieck sind jetzt in Berlin) klarzumachen. Direkt politische Kritik war noch verfänglicher als direkt religiöse, musste daher Anfangs vermieden werden, auch zeigte sich die schriftstellerische Welt noch nicht dazu aufgelegt und gerüstet. Indessen gelang es, in einem Aufsatz über das »Preußentum« das Prinzip der Regierung, wenn auch wieder nur verhüllt, auszusprechen. Wir nannten Preußen »katholisch«, das freie Prinzip dagegen, von dem es abfiele, den »Protestantismus«. Seitdem hat Preußen die Aufgabe der Jesuiten, Wiederherstellung des Christentums und des Mittelalters, unverhohlen zu der seinigen gemacht, und es ist umsonst gewesen, mit der einfachen Forderung aufzutreten, Preußen, der protestantische

Staat, müsse vielmehr die ungehemmte Entwicklung der Wissenschaft und des Lebens beabsichtigen und befördern. Warum diese Forderung nicht durchdrang, ist jetzt bereits aller Welt klar. Durch die Aufklärung über Religion und Staat, sodann durch die französische Revolution, die Verwirklichung dieser Aufklärung, findet sich der Protestantismus mit dem Katholizismus auf eine Linie des Widerstandes zurückgeworfen. Der Priester beider Konfessionen, ja, wenn man will, jeder Christ verfolgt jetzt die Aufgabe der Jesuiten. Die Wissenschaft hebt die Religion, die Freiheit jede Domäne, jede Herrschaft auf. Die Religion kann die Untersuchung, der Herr die Emanzipation nicht gewähren lassen, noch viel weniger befördern.

Solche Gegensätze sprach man damals in Deutschland noch nicht aus, und wenn man es tat, so verhüllte man sie in die vornehmsten metaphysischen Formeln. Wir versuchten es. Aber schon die eingehüllte Form, in welcher das Journal diese Fragen erörterte, hatte ein allgemeines Alarm-Geschrei der Reaktion zur Folge. Die Augsburger Allgemeine Zeitung stellte die Jahrbücher geradezu der preußischen Regierung gegenüber, als Macht gegen Macht, und erzeugte dadurch den höchsten Grad des Unwillens, dessen der beleidigte Hochmut eines Jahrhunderte lang unbestrittenen Despotismus fähig ist.

Kurz nach der Thronbesteigung des jetzigen Königs von Preußen erschien ein Kabinettsbefehl an die Redaktion, den Druck der Zeitschrift von Leipzig nach Preußen zu verlegen. Das hieß, sie unter die Zensur ihrer erbittertsten Gegner stellen, eine Forderung, welche die Redaktion zur Auswanderung nach Sachsen zwang.

In Sachsen hat es die Selbstverleugnung der Gelehrten nicht so weit gebracht, dass die Zensur eine Wahrheit wäre, wie in Preußen. Aus den »Hallischen« wurden die »Deutschen Jahrbücher«. Sie erschienen vom Juli 1841 noch anderthalb Jahr und den ersten Monat des Jahres 1843.

Sie begannen damit, auf »Feuerbachs Wesen des Christentums« aufmerksam zu machen, und setzten die kritische Begleitung der Zeitgeschichte in allen Gebieten fort. Aber »der König Artarerres[3] hat einen langen Arm«, und die Dresdner werden nie antworten, wie die Athener. – Das System der neuen »preußischen Regierung«, möglichst zur »guten alten Zeit« zurückzukehren, den Adel durch Bildung neuer Majorate, die Pfaffen durch Herstellung kirchlicher Gesetze und aller Sitten, wie der strengen Sonntagsfeier, zu heben, dagegen den philosophischen Geist und die Sympathien für politische Freiheit zu unterdrücken, wurde in kurzer Zeit ins Werk gerichtet. Das prosaische Königtum Friedrich Wilhelms III. war nicht genug, es folgte ihm das romantische, das christliche, das völlig persönliche, und dieses fand noch genug revolutionäre Überreste in den Gesetzen und in der Wissenschaft auszurotten. Vornehmlich wurde nun die faktische Pressefreiheit, welche bis dahin Gelehrte, Dichter und Philosophen in Deutschland genossen hatten, bedenklich. Denn das System der Regierung, einmal mit dem Zeitgeist in Widerspruch, lief Gefahr, in der Diskussion überwältigt zu werden.

Wie verhielten sich nun zu diesem Konflikt des Gehorsams und der Diskussion die kleinen konstitutionellen Staa-

3 Artarerres (Artaxerxes), Name mehrerer persischen Könige.

ten? Man hätte vermuten sollen, sie würden sich auf die Seite der Befreier neigen, da in ihnen die Opposition gesetzlich ist; allein sie schlugen sich mehr oder weniger auf die entgegengesetzte. In ihnen ist weniger die konstitutionelle Dialektik als das Prinzip der persönlichen und ausschließlichen Souveränität aller deutschen »Landesherrn« eine Wahrheit. Und dies erklärt sich ganz einfach aus unserm Charakter. Die gelehrte Erklärung unserer Privatpolitik aus besonderen Gesetzen, aus dem Einfluss Österreichs und Preußens beim Bund oder aus den geheimen Wiener Konferenzbeschlüssen vom 12. Juni 1834 ist überflüssig. Schon im Tacitus sind die Deutschen, wie noch jetzt im 19. Jahrhundert, ohne allen Zweifel Royalisten. *Germaniam a principio reges habnere.* So war denn der endliche Fall eines Journals vorherzusehen, welches sich ohne Umschweife eine geistige Souveränität usurpierte und trotz des rohsten Zensurdrucks zur wirklichen Befreiung von alten übelbegründeten Autoritäten so viel gewirkt hat.

Die Jahrbücher hatten den Zorn, der über sie ausbrach, reichlich verdient. Es war nicht bei dem Ausklopfen der alten Universitätsperücken, nicht bei der Erschütterung des Glaubens an ihre stille Weisheit, nicht bei den Kritiken des Pietismus, der Romantik und der Reaktion geblieben; eine Beurteilung der preußischen Geschichte, welche die notwendige Entwicklung dieses Staates zur Demokratie und die Lebensgefahr nachwies, in die bisher noch jeder Verrat des herrschenden Zeitgeistes Preußen gestürzt hatte, wiederholte Kritiken der christlichen Religion und des christlichen Staates, deren Auflösung in menschliche Bildung und Freiheit existiere und bevorstehe, endlich eine »Selbstkritik des Liberalismus«, der theoretischen Freiheitsliebe, und die Forderung, ihn in Demokratismus zu verwandeln, in die wirkliche Lösung der praktischen Probleme unserer Zeit, die Aufhebung der Kirche in die Schule und des Pöbels durch Nationalerziehung – diese Dinge schienen dem altdeutschen (jetzt neupreußischen) System der Religion und Politik unerträglich – wie sie es denn auch sind – und führten im Januar 1843 zur Unterdrückung des Journals durch die sächsische Regierung.

Das Januarheft wurde weggenommen und der Weiterdruck verboten, eine Maßregel, die weder das Imprimatur des Zensors, mit dem das Heft erschienen war, noch das Eigentum des Redakteurs und Verlegers anerkannte. Eine fünfjährige Arbeit hatte den Ruf des Journals begründet; man fällte den Baum, als er anfing, Früchte zu tragen und ein großes Publikum zu gewinnen. Die sächsische Kammer der Abgeordneten nahm sich dieses idealen Eigentums nicht an und erklärte, die Regierung sei vollkommen in ihrem Recht. Die Kammer hatte im Allgemeinen für Pressefreiheit gestimmt; aber im bestimmten Fall sanktionierte sie die Zensurordonanzen und zugleich die Maßregel, welche auch die Zensur noch für eine unerträgliche Freiheit erklärte und die zensierten Blätter wegzunehmen befahl, ja, den ferneren Druck des Journals, selbst unter Zensur, verbot. Natürlich. Die Willkür, der jedesmalige Entschluss der Regierungen, ist das Gesetz Deutschlands, vornehmlich im Gebiet der Presse. Die Presse enthält alle Macht, denn sie enthält die Gedanken des Volks, die alten und die neuen; die Willkür der Presse gegenüber enthält nur den Willen und den Wunsch, dass die neuen unter diesen Gedanken nicht existieren, und wenn ja existieren, nicht allgemein und öffentlich existieren möchten. Dass dieser Wille durchgesetzt wird, ist die Macht der Autorität. Sie beruht auf den noch vorherrschenden Gedanken der Vorzeit, diese erheben die Willkür zur Macht. Sobald diese Gedanken erblassen, gleichviel ob im Stillen oder in er Öffentlichkeit, verwandelt sich die Macht der Autorität in die Ohnmacht der Willkür.

Der Wille der Autorität ist sehr einfach, sie will existieren. Sobald die Gedanken der Freiheit oder der werdenden Welt ebenso einfach werden, verwandeln sie sich ihrerseits in den Willen einer neuen Autorität. Für den Augenblick existiert die Zensur, weil es die deutsche Welt noch nicht zu dem einfachen Gedanken gebracht hat, dass die formulierte Willkür der Regierenden noch kein Gesetz der Freiheit, sondern nur die gesetzliche Sklaverei ist. Erst der förmlich regulierte Sturz des alten Systems durch die Opposition des Neuen ist ein Gesetz der Freiheit, weil die organisierte Befreiung. Aber das Denken ist eine Funktion, die sich so oder so vollzieht, es ist der Verdauungsprozess des Kopfes, dem keine Autorität, sobald sie in ihn verwickelt ist, widersteht. Es war daher der gröbste Missgriff, mit der Willkür der Autorität in das innerste Getriebe dieses Prozesses einzugreifen. Was habt ihr erreicht? Habt ihr die neuen Gedanken vertilgt? O nein. Ihr habt nur die neuen Prinzipien geächtet und der Welt keinen Zweifel über eure eigenen übrig gelassen. Während früher Gelehrsamkeit und Philosophie, Geist und Kunst von der Autorität als ihr wertvolles Instrument angesehen, als ihr Ruhm gepflegt wurde, ist jetzt die Ächtung des freien Gedankens, der sich neue Bahnen bricht und noch entschiedener die Verfolgung seiner kunstgemäßen und populären

Form proklamiert worden. – Ihr wollt es so, ihr befehlt es. Aber wie könnt ihr hoffen, dem Denken und dem Leben zu widerstehen, ihr, die ihr selbst nur sein Produkt, nur eine alte Formel seiner Funktion seid?

Das Verhältnis der Autorität und des emanzipierten Denkens der literarischen Opposition beweist nur die Schwäche der ersteren und die Macht der letzteren. »Wie, Zeus, du greifst nach deinem Blitz? Du hast also Unrecht!« Und als Zeus einmal anfing Unrecht zu haben, hatte er auch schon keinen Blitz mehr.

DER PATRIOTISMUS

Wer ist noch patriotisch?
Die Reaktion.
Wer ist es nicht mehr?
Die Freiheit

Vorwort

Seit der französischen Revolution läuft die Geschichte nun über ein halbes Jahrhundert, und wir haben es nur wieder dahin gebracht, dass fast überall die Freiheit Hochverrat und die Wahrheit Ketzerei ist. Die Welt muss die Freiheit gegen die Herren und die Wahrheit gegen die Unwissenden wieder zu Ehren bringen.

Wird sie es vermögen? Wer sollte nicht zweifelhaft werden in Zeiten wie den unsrigen? Aber die Menschheit hat schon genug geleistet, um unser Zutrauen zu verdienen. Was jetzt unmöglich scheint, ein Reich freigebildeter, unbeherrscht lebender Menschen, war einst wirklich, und die damalige Wirklichkeit beherrscht die jetzige, sie hat in jedem edlen Herzen ihre Wohnung, in jedem denkenden Kopf ihren Anhänger. Oder gab es für die Menschheit eine andere

Zeit der Größe, der Schönheit, des geistigen Aufschwungs als die Zeit der Republik? Sind die wenigen Jahrhunderte der griechischen und römischen, sind die wenigen Jahre der französischen Republik nicht mehr wert als die ganze übrige Geschichte? Sie sind die Zeiten wirklicher Menschen und beweisen dem gemeinen Tross, dass nur in seinen Schädeln, allerdings einer verdrießlichen Realität, das Utopien der Freiheit und Wahrheit liegt.

Das trübe Land und das wüste Volk der Germanen hat ein Jahrtausend Zeit gebraucht, um sich einigermaßen, wenn nicht politisch, doch religiös aufzuklären. Die Griechen in beiden Sphären zu erreichen, dahin haben sie noch weit, und wenn Goethe die Romantik los ist, so verehren ihn viele Tausende, die es nicht merken. Noch hat kein deutscher Dichter Goethes religionsfreie Humanität wieder erreicht, ein sicheres Zeichen, wie weit wir seit fünfzig Jahren gekommen sind. Es ist sehr natürlich. Die Religion ist die Philosophie des unversöhnten, des unterdrückten, des unglücklichen, des ungebildeten, des verzweifelnden Menschen. Nur freie Männer haben keine Religion. Sucht bei Sokrates, bei Platon, bei Perikles, bei Aristoteles, ja, sucht bei den Schülern der Griechen unter uns, die es wirklich sind, sucht bei Goethe und Hegel Religion: ihr sucht den Geist, den ihr begreift.

Aber desto mehr, werdet ihr sagen, liebten die alten und die neuen Republikaner ihr Vaterland. Sie liebten es, *denn ihr Vaterland war die Republik.* Nur der alte und der neue Republikaner kann das Vaterland an seinen Sohlen nicht mit sich nehmen; denn draußen ist die Barbarei. Der tyrannisierte Mensch hat kein Vaterland, denn draußen ist die Menschheit; und der Mensch der zivilisierten Welt, der Zivilmensch, hat keine Ursache zur Vaterlandsliebe. Die Zeit des zivilisierten Industriemenschen bricht die antike Periode des Aufschwungs, den die französische Republik freilich mehr in den Gedanken Einzelner als in der Durchbildung Aller nahm, wieder ab, und hebt damit auch den Patriotismus wieder auf, der nur Sinn hat als Begeisterung für ein freies humanes Gemeinwesen, das von den *Barbaren* gefährdet ist.

Der zivilisierte Mensch hat keinen Patriotismus, alle klassischen Erinnerungen erzeugen ihn nicht. Sein Vaterland ist überall, wo er seine Interessen findet, *ubi bene ibi patria* ist sein Spruch. Der Mensch der wirklichen Humanität, so lange sie nicht in ein bevorzugtes Volk konstituiert ist, hat sein Vaterland überall, wo er die Freiheit findet; sein Spruch ist *homo sum, humani nihil a me alienum esse puto*.

Fassen wir einen Augenblick die Zivilisation ins Auge. Der Patriotismus fällt in ihr nicht als freie Gesinnung, sondern als Handwerkstick ganz allein dem Militär zu; alle Zivilstände sind frei von ihm.

Zuerst die Gelehrtenwelt. *ab jove principium.* Sie ist die allgemeine. Die Taten des Denkens und des Wissens geschehen für alle Völker. Der Humanismus des Gelehrten ist aber sehr abstrakt. So gewiss die Taten, die der Gelehrte vollbringt, human sein, zum wenigsten einen allgemeinen Charakter haben müssen, so roh kann der Gelehrte und selbst der Philosoph in Sitte und Charakter sein. Aber es ist Sitte aller Gelehrten, Weltbürger zu sein.

Ebenso allgemein wie die Gelehrtenwelt ist die des Glaubens, das Christentum, das kosmopolitische Christentum; es ist der transzendente Humanismus. Nimmt man ihm die Transzendenz, so ist es wahr.

Mit der Liebe, die doch jedem zivilisierten Menschen beim Glauben in den Sinn kommt, ist noch weniger anzufangen als mit dem Denken und Glauben, um sie für den Patriotismus zu gewinnen. Die Blutsunterschiede sind nur die Pole des Magnets, die Wahlverwandtschaft der Liebe, die in dem fremden ihr anderes Ich entdeckt. Die Liebe und das Prinzip der Familie ist so unpatriotisch, wie die ganze Zivilisation, die darauf gegründet ist. Die Zivilisation, indem sie das Privatleben zum Zweck macht, hat die öffentliche Freiheit vernichtet und dagegen die heimliche Praxis der Liebe – die Erzeugung des Fürsten – zur höchsten öffentlichen Angelegenheit erhoben. Die Zivilisation, die sich seit der Auflösung des Staates oder der Republik, die Familie zum Zweck und zum Herrn gesetzt, sie stellt die Dynastien so entschieden weltbürgerlich, dass sie von Vater und Mutter immer zweien Nationalitäten angehören. Sind die Völker noch nicht verbrüdert, so sind es wenigstens ihre Herren.

Der Dynastie folgt der Adel. Er wohnt überall, er heiratet überall hin. Der Adel aller Kulturvölker hängt fest zusammen. Er regiert mit den Dynastien die jetzige Welt, er sucht selbst Dynastien im Kleinen zu gründen, durch Autonomie und Majorate, das bindet ihn aber an keine Grenze, wenn er weiter greifen kann, und er hat – kein Vaterland.

Der Handelsstand, wenn er sein Ideal erreicht, führt Welthandel, und das Haus ist umso größer, je mehr Comptoires es in aller Fremde hat. Ja, sogar der Handwerker, wenn man ihn nicht festbindet an die Grenzpfähle der Polizeistaaten, wandert, so weit der Himmel blau ist, denn seine Arbeit braucht man überall, und er wird sich nie besinnen, dort zu arbeiten, wo er es am vorteilhaftesten findet.

Der Bauer dagegen, der es nicht zum Edelmann gebracht hat, der Handwerker, dem es an Kühnheit, und der Krämer, dem es an Ausbreitung fehlt, sind die verkümmerten Gestalten der zivilisierten Stände. Für sie ist die Heimat ihr Dorf, aber das Heimweh ist keine Vaterlandsliebe, es ist keine politische Gesinnung, es ist ein Naturtrieb. Gegen ihn ist nichts zu sagen. Er gehört aber auch nicht in die Epoche der Zivilisation, sondern in die Vorzeit. Wer aber am entschiedensten aus der Zivilisation entspringt, die Handels- und Fabrikbevölkerung ist überall die entschiedenste Gegnerin des Patriotismus. Sie fühlt sich sowohl mit ihrer Not als mit ihren Erfolgen ganz außer der Staatssphäre. Sie kennt nur die bürgerliche Gesellschaft, die überall ist und nirgends abschließt.

Erst die Revolution, welche einen Anlauf nahm, die ganze Weltordnung der Zivilisation aufzuheben, vom Privatwesen zum öffentlichen, und durch die Republik zum Humanismus zu gelangen, brachte der Welt das Recht zum Patriotismus zurück. Nur wo man die Freiheit zu verteidigen glaubte, war man patriotisch. Gönne man daher jetzt, wo die Freiheit aufgehört hat zu existieren, auch dem Patriotismus seine Ruhe.

Man hat gemeint, wir befänden uns mit unserer Kritik in einer ganz besonderen Lage. Dies ist nach dem eben angeführten ein Irrtum, welcher nur den verführen kann, der die allgemeine Lage der gegenwärtigen Welt nicht begreift. Die Zivilisation hat Recht, den Patriotismus aufzuheben, aber sie hat Unrecht, nicht den Humanismus an seine Stelle zu setzen. Sie will den Staat nicht zum Zweck, sondern zum Mittel: Das ist richtig, sie will aber auch den Einzelnen nicht zum Zweck, sondern zum Mittel; das ist unrichtig, und sie verliert darüber alle vernünftigen Zwecke und verfolgt lauter unvernünftige. Die politischen Fragen, welche jetzt in Frankreich unter dem Namen des Sozialismus verhandelt werden, und vor allen Dingen als Kritik der Zivilisation bedeutend sind, haben für Deutschland ein großes Interesse. Diese praktischen Probleme müssen bei uns nationalisiert werden; und vielleicht wird es sich zeigen, dass die französische Politik bei aller Fantastik der sogenannten Utopisten doch mehr fruchtbare Gedanken enthält als die deutsche Theologie. Mit dieser Rettung französischer Denker, die schon begonnen hat, ist zugleich die Rettung des politischen Denkens in Deutschland gewonnen. Umgekehrt ist es nirgends nötiger, als in Frankreich, die Theologie auch theoretisch zu überwinden, und es ist leicht zu erkennen, dass die regsamsten Geister der Nation auf den Punkt hingedrängt werden, wo das Wort des Rätsels hervorspringt. Merkwürdig sind in dieser Hinsicht Herrn Comtes[4] Bücher zu Vorlesungen; auch Quinet[5] rückt der radikalen Kritik des Christianismus unaufhaltsam entgegen. Wir werden mit den Franzosen zusammenkommen, so oder so.

4   Auguste Comte (1798–1857), französischer Mathematiker, Philosoph und Religionskritiker, gilt als Begründer des Positivismus und als Mitbegründer der Soziologie. Er unterschied drei historische Phasen: die »kindliche« Religion, die »jungenhafte« Metaphysik und schließlich die »männliche« positive Wissenschaft

5   Edgar Quinet (1803–1875), französischer Schriftsteller und Historiker.

1. Befreundung der Deutschen und Franzosen

Man verklagt die deutschen Franzosenfreunde bei der deutschen Presse, man fordert sie vor die Feme dieses heimlichen Gerichts. Welcher Gottlosigkeit sind sie schuldig? Sie haben keinen Patriotismus. Welchen Frevel haben sie vor?

Die Befreundung der Deutschen und Franzosen. Der deutsche Patriot fürchtet diese Freundschaft. Sie ist Frevel an seinem Glauben, Verletzung seiner Liebe, Auslöschung seines Hasses, wenigstens der Fantasie von alledem, mit einem Wort, Zerstörung seiner Welt, denn sie wäre die Aufhebung des viel besprochenen »Deutschtums« und »Franzosentums« auf einmal, ja, sie wäre noch viel mehr als die Zerstörung des Aberglaubens an die eigne Vortrefflichkeit und des Unglaubens an fremdes Verdienst; sie wäre Bildung und Freiheit.

Man fürchtet sich in Deutschland diesmal, wie immer, mit Recht, wenn in Frankreich von der Freiheit die Rede ist, wäre diese Freiheit auch nur die Vereinigung freier Männer.

Es sind nun aber die französische Revolution und die deutsche Philosophie, beide nicht wie sie sind, sondern wie sie sich bilden, die sich jetzt vereinigen. Ihre Fortbildung geschieht, indem sie sich in ein neues Element auflösen. Erst die aufgelöste Philosophie und die aufgelöste Revolution, das denkende und emanzipierte Volk, sind wahrhaft furchtbar für die Gegner der freien Menschheit.

Wie kann sich die Philosophie, und wie vollends die Revolution auflösen? Die Philosophie auflösen heißt nicht, das Denken abschaffen, sondern es allgemein machen; es ist ziemlich deutlich, dass man jetzt darauf ausgeht; die Revolution des Staatslebens, der Geschäftsformen des Gemeinwesens, erweitert sich eben dadurch zu einer Reform der ganzen bürgerlichen Gesellschaft, der Formen aller Geschäfte, der Einrichtung aller Arbeit, die eine Einrichtung verträgt. Das *Denken* der Masse ist *Befreiung* der Masse. Die Masse muss wissen, dass sie in Knechtschaft lebt, sie muss wissen, wie sie frei werden kann, und sie muss selbst zur Ausführung der allgemeinen Einsicht wirken. »Arbeiter, meine Brüder«, sagt ein französischer Reformer, »studiert, denkt, überlegt die Lösungen der sozialen Fragen, die wir vortragen, und sogleich werdet ihr die unzähligen Plagen, die auf euch lasten, verschwinden sehn.« Jede nicht allgemeine Befreiung ist nur eine neue Knechtschaft. Ist der *Mensch* ein denkendes Wesen, so ist es *jeder* Mensch. Das philosophische Denken war ein Privilegium und die revolutionäre Freiheit exklusiv. Man hat daher die Revolution *unmenschlich* und die Philosophie *ungenießbar* gefunden. Die Philosophie war ungenießbar, aber warum? Weil sie *theologisch* war. Die Unmenschlichkeiten der Revolution sind wahr genug, aber sie sind *religiös*. Sind die Verdächtigen nicht Ketzer? Ist das Revolutionstribunal nicht ein Glaubensgericht? Der *Fanatismus* der Tugend und die *Opfer* fürs Vaterland tragen sogar noch religiöse Namen. Der oben zitierte Franzose sagt dagegen: »Wir predigen euch keine *Resignation*, keine *Selbstverleugnung*, keine *Opfer*, wir hoffen kein Glück jenseits des Grabes. Das Glück ist auf der Erde mitten unter unsrer Umgebung zu suchen.« Die Revolution war gegen die Religion; aber mit den Stichworten der Askese und des Menschenopfers, die der Geist unsrer Zeit mit Recht verwirft, war sie es vollständig in religiöser Form. Sie hat daher auch Frankreich nicht von den religiösen Vorurteilen befreit, sondern gerade durch den Terrorismus, ihre höchste Spitze, grade durch Robespierre, den Priester der Tugend und des Schreckens, des guten und des bösen Gewissens, die religiöse Bewegung wiederhergestellt, die dann Napoleon mit seiner gewöhnlichen Plumpheit ganz wieder in das alte katholische Unwesen hineinstürzte. Zwar ist die Priesterpartei immer noch exoterisch, aber alle offiziellen Parteien in Frankreich sind noch heutigen Tages *religiös*, und erst in der nichtvertretenen Masse, die keine Tagespresse und keine Deputierte hat, trifft man Freiheit von dem unwissenschaftlichen Glauben und das Bestreben, durch die *denkende* Masse *jeden* Menschen von allen geistigen und materiellen Fesseln zu befreien. Was tun also die Ankläger der Revolution und der Philosophie, indem sie die Freiheit durch die Unmenschlichkeit der Revolution und das Denken durch die Ungenießbarkeit der Philosophie zu beseitigen suchen? Sie klagen über die religiösen Erscheinungen, die in der Praxis den Menschen fanatisch, in der Wissenschaft scholastisch gemacht. Die wahre Auflösung der Revolution und Philosophie wird nur die Freiheit menschlich und das Denken allgemein machen.

Die deutschen Patrioten, von den ältesten Teutonen bis auf die jüngsten christlichen Germanen, sind Ankläger der französischen Revolution und der deutschen Philosophie; vor der Bildung und Befreiung aller Menschen werden sie sich vollends *entsetzen*. Und wer ist wieder schuld an diesem Entsetzlichen? Die Franzosen, die Unruhe des französischen Geistes, der die Geschichte nicht aufhören lässt und nun selbst die ehrbare deutsche Philosophie in ihren Strudel hineinzieht. Darum fürchten die deutschen Patrioten eine

Befreundung der Deutschen und Franzosen. Das Gespenst der »tiefen« Nacht fürchtet den Hahnenschrei des »gemeinen deutlichen« Morgens.

2. Bestehende Freundschaft

Indessen nicht vor allen Franzosen fürchten sich unsre Patrioten, und nicht alle Franzosen bedürfen noch erst der Befreundung mit den Deutschen. In Koblenz, auf den Höhen von Valmy und später in Verona waren Franzosen und Deutsche über die Unterdrückung der Freiheit vollkommen einig. Das ist dagewesen; aber ihre kanonisierte Verbrüderung für Alles, was »heilig« ist, vom Papst bis zu dem letzten Seelenverkäufer, existiert noch in diesem Augenblick. Die Verständigung der Deutschen und Franzosen über die Reaktion lässt nichts zu wünschen übrig als den Wunsch der Progressisten, es ihnen gleichzutun.

Nur die deutschen Patrioten stellen sich seltsam zu der Sache. Über die Kongresse und Koalitionen aller möglichen Mächte, über die Kongregationen und Konspirationen *gegen* die Freiheit, über die Bündnisse, Konferenzen und Beschlüsse zu ihrer Unterdrückung hat man sich in Deutschland nicht beunruhigt; nun aber eine Vereinigung deutscher und französischer Schriftsteller *für* die Freiheit zur Sprache gebracht wurde, erschrecken alle deutschen Patrioten und schreien über die Unnatur eines so muttermörderischen Unternehmens. Und *welcher* Klytämnestra steht ihr bei? Um nicht Oreste zu werden, behaltet den Äghist, und wenn sie euren Vater hängen, so hängt euch aus Pietät daneben.

Auch der Patriotismus also macht einen Unterschied in seinem Hass, wie wir in unsrer Liebe der Franzosen. Diese Inkonsequenz ist menschlich; vielleicht machen wir sie später zum Prinzip und tun das mit Bewusstsein, was die Patrioten aus dunklem Instinkt tun.

3. Unterschied der geistigen Vermittlung und der reaktionären Verbindung

Allerdings ist die Vereinigung des deutschen und französischen Progresses eine andere als die der Reaktionäre.

Es ist hundert Jahre her, als ein Heiliger von der Sorte der Verzückten oder des bösen Wesens (*convulsionaires*), Abraham Chaumeir, auf den Voltaire wiederholt zu sprechen kommt, die Enzyklopädisten vor Gericht zog und ihr Werk als »Gift (*venin*) gegen den Staat, die Religion und die guten Sitten« denunzierte. Dieselben Stichwörter, dieselben Maßregeln, ein hundertjähriger Apparat gegen Vernunft und Freiheit, weiter braucht es nichts, um die Reaktionäre diesseits und jenseits des Rheins zu vereinigen. Über Maßregeln gegen die Freiheit der Menschen können sich die Herren von Preußen, Russland und Österreich verständigen, eine intellektuelle Allianz zwischen ihnen ist überflüssig, weil die Intelligenz, die sich mit der Negation des ganzen freien Geisterreiches beschäftigt, sich dadurch zugleich selber die Mühe des Lernens spart. Die Progressisten haben es nicht so leicht. Nicht für den formulierten Unverstand, sondern für das Verhältnis neuer Formen, nicht für das Festhalten des alten Geleises einer abgemachten Sache, sondern für die Lösung neuer Probleme suchen sie sich zu vereinigen. Ihre Allianz ist keine polizeiliche, sondern eine wissenschaftliche, keine politische Verbindung, sondern eine geistige Befreundung. Sie kennen das Ziel nur ganz im Allgemeinen; um es zu erreichen, schlagen sie die verschiedensten Wege ein, und die Freundschaft hat hier vielmehr die Bedeutung, dass jeder die verschiedenen Wege des Andern beachten und kennenlernen, als dass er geradezu dasselbe mit ihm tun sollte. Dennoch ist diese Arbeit der geistigen Vermittlung, sobald sie nur wirklich begonnen hat, viel mächtiger als die Dekrete der Reaktion mit ihrer hundertjährigen Einförmigkeit. Jede platzende Rakete der intelligenten Aufschwünge zündet so viel neue Lichter an, als sie zerstiebende Funken sprüht.

4. Einheit der Völker in ihrem wahren Interesse

Das Interesse einer geistigen Vereinigung, d. h. das intellektuelle Interesse aneinander, haben nur die politischen Völker, solche, die selbst denken und handeln. Ein politisches Volk z. B. sind die Preußen nicht zu nennen. Menschen, die gemeinschaftlich weder denken noch handeln, sondern nur verwaltet und kommandiert werden, sind noch kein politisches Volk. Preußen interessiert nicht als Volk, nur als Macht. Wodurch interessiert uns ein Volk? Durch seine Arbeit für die Freiheit, d. h. durch seine Arbeit an sich und seinem Gesamtbewusstsein. Nur zwei Völker, die sich in dieser Arbeit begegnen, können sich wirklich und mehr als äußerlich vereinigen. Sie können ihre Ideen austauschen und ihre Schicksale miteinander teilen.

Die politischen Völker, die wirklich herrenlos sind, können über vermeintliche Interessen streiten, über ihr wahres Interesse, die Freiheit, werden sie einig sein und die Ausbildung der Freiheit für ihre gemeinsame Aufgabe anerkennen. Eine solche Gemeinschaft wäre die Aufhebung des Patriotismus.

Helvetius (*de l'esprit discours II. 25.*) sagt: »In der Tat, wenn die Verschiedenheit der Interessen der Völker sie gegen einander in einem Zustande des ewigen Krieges hält; wenn die Friedensbündnisse, die zwischen den Völkern geschlossen werden, eigentlich nichts weiter sind als Waffenstillstände, die man mit der Zeit vergleichen kann, die nach einem langen Kampfe zwei Kriegsschiffe sich nehmen, um sich wieder auszurüsten und den Kampf von Neuem zu beginnen; wenn die Völker ihre Eroberungen und ihren Handel nur auf Kosten ihrer Nachbarn ausbreiten können; endlich wenn das Glück und die Vergrößerung eines Volks fast immer an das Unglück und die Schwächung eines andern geknüpft ist: so ist es einleuchtend, dass die *Leidenschaft des Patriotismus*, eine Leidenschaft, die so wünschenswert, so tugendhaft und so achtbar an einem Staatsbürger ist, durchaus, wie dies auch das Beispiel der Griechen und Römer beweist, *die allgemeine Liebe ausschließt.*

Um diese Tugend zu erzeugen, müssten die Nationen durch Gesetze und gegenseitige Verträge sich vereinigen, wie die Familien, die einen Staat ausmachen, dass das Sonderinteresse der Völker einem allgemeinen Interesse unterworfen würde und endlich die *Liebe zum Vaterlande* in den Herzen verlöschte, zugleich aber das Feuer der *allgemeinen Liebe* sich entzündete – eine Voraussetzung, die sich noch lange nicht verwirklichen wird.«

Helvetius macht das Interesse des Menschen (l'amour de soi) zum Prinzip der Gesetzgebung oder der moralischen Welt, und hier nimmt er die Liebe zum Vaterland, ja, sogar die Liebe zur Menschheit ohne Untersuchung an. Er musste fragen, wie verhält sich Liebe und Interesse? Das Interesse jedes Einzelnen ist die Freiheit oder die Lebenstätigkeit, in der sich der Mensch selbst hervorbringt und befriedigt. Das Interesse der Völker, sobald es erkannt ist, kann kein anderes sein, nur durch die Befriedigung des einzelnen wirklichen Freiheits- und Humanitätsinteresses kann das allgemeine Interesse erreicht werden. Die *wahren Interessen* des wirklichen Egoismus der Einzelnen und der Völker, die den wahren Inhalt ihres Ichs wollen, fallen daher mit der *Freiheit* zusammen. Auch gibt Helvetius zu, »dass im Gebiet des Geistes das Interesse der Nationen kein streitendes sei; Einsicht und Wissenschaft erwirbt ein Volk nicht auf Kosten seiner Nachbarn«; Freiheit ebenso wenig.

Was also ist das Hindernis der Vereinigung? Die *vermeintlichen* Interessen und die Unklarheit über die wahren Interessen der Völker, woraus ein *falscher Hass* und eine *falsche Liebe*, ein *falscher Egoismus* und eine *falsche Hingebung* entstehen.

Welches ist das Interesse der Franzosen? *Allen* Franzosen, und alle machen doch erst das Volk, kann es nur daran liegen, dass jeder Einzelne frei seine Bestimmung erreiche. Die Gefahr Frankreichs ist die Reaktion zu Theorien und Einrichtungen, die nicht *jeden* Franzosen, sondern irgendeine Clique und Klasse zum Zweck des Ganzen machen, das dynastische, priesterliche, bürgerliche Vorrecht. Welches andere Interesse könnten *alle* Engländer haben? Und welches ist die Gefahr Englands? Das vermeintliche und falsche Land-, Industrie- und Handelsinteresse, dessen Befriedigung keinem Menschen zugutekommt und alle miteinander und mit der Fremde dazu in Krieg stürzt. Von dem Interesse der Deutschen wollen wir gar nicht reden, da sie es selbst nicht wagen, auch nur daran zu denken und in unerhörter Gedankenlosigkeit und Indolenz die Todesgefahr der russischen und reaktionären Verhöhnung aller ernstlichen Freiheit für ihr Glück erklären. Wer aber in Deutschland denkt, kann der anders denken, als dass seine eigne persönliche Freiheit und die Anerkennung jedes Einzelnen als den Zweck aller Vereinigung von Menschen mit dem Interesse anderer Völker nicht streiten könne?

Hält man den Raub und das Stegreifwesen für sein Interesse, so schlägt man sich auf allen Wegen und hat überall streitende Interessen.

Seit man den Raub ganz aufgehoben und alle Wege gesichtet hat, ist das Interesse Aller und jedes Einzelnen zugleich gewahrt. Die Räuber selbst, die doch sonst öfters totgeschlagen wurden, wenn sie auch ebenso oft totschlugen, haben dabei gewonnen. Sie sind Menschen geworden.

Hält man die Piraterie und das Filibustierwesen für sein Interesse, so ist die See das ungastliche Pontos. Man hat sie gastlich gemacht, und die Humanisten, Philanthropen und Zivilisierten, die sicheren Verkehr und menschliche Grundsätze wollen, haben die Seeräuber und Sklavenführer vertilgt, um das vermeintliche Interesse Einiger durch das wahre Interesse Aller zu ersetzen.

Man wende dies auf die Barbarei unserer Industriesklavenhalter an, und der gleiche einfache Satz gilt noch einmal.

Die Aufhebung alles Pöbels in solidarischer Vereinigung Aller zu den Zwecken der Humanität und Freiheit ist ganz dieselbe Sache.

Das Interesse Aller ist das Interesse jedes Einzelnen. Gegen diese triviale Wahrheit verstoßen alle, die eine Feindseligkeit der Interessen gegeneinander zum Prinzip, statt zur Ausnahme von der Regel machen.

Entspringen nun die Vaterlandsliebe und der Patriotismus, wie Helvetius meint, aus dem streitenden Interesse der Völker, welches ist dann ihr Wesen?

5. Was ist das Wesen der Vaterlandsliebe und des Patriotismus

Alle Völker feiern die Vaterlandsliebe und den Patriotismus, vornehmlich aber ist die *Vaterlandsliebe* eine Tradition der *Naturvölker*, der *Patriotismus* der *Republiken.* Die Naturmenschen hängen an der Heimat, sie sind mit ihr verwachsen, sie verlieren in der Fremde die »Wurzeln ihrer Kraft«, die Gegenstände ihrer Gewohnheit, Bekanntschaft, Zuneigung, das Verständnis der Menschen, den verdorbenen, aber gewohnten Dialekt des Dorfes, der Landschaft; sie entbehren in der Heimat alles, weil sie nicht im Allgemeinen zu Hause sind; daher das Heimweh, das Gefühl der Verlassenheit, die Sehnsucht nach dem gewohnten Element; der Fisch auf dem Trocknen wünscht sein Wasser, dem Süßwasserfisch schmeckt der Ozean, dem Seefisch der Teich nicht; selbst Zugfische und Zugvögel, die ihr heimisches Element verlassen, haben nur einen zeitweiligen Zweck dabei, es zieht sie mächtig heim, sobald er erreicht ist. Der Mensch und sein Heimweh gehen natürlich ins Geistige mit seiner Sehnsucht, die Freunde, die Eltern, die Gespielen, die Geliebte ziehen ihn an, und je jünger er ist, desto poetischer fasst ihn dieser Zug. Er opfert ihm oft seine ganze Zukunft, er widmet ihm eine sklavische Arbeit von endloser Dauer, und er antwortet am Ende seiner Tage dem mahnenden Gewissen: Diese Liebe war ein schöner Moment, ich habe als freier Mann sie und alle ihre Folgen über mich genommen. Die Einhausung durch das Heimweh fesselt die Bevölkerungen auch da, wo sie von der Natur hart mitgenommen werden.

Das Heimweh ist kein Prinzip, es ist ein Naturtrieb. Die Vaterlandsliebe, die mehr ist, die aus der Region des Triebes und des dunklen Zuges heraustritt, was ist sie? Liebe zum Volk? Gibt es ein Liebesverhältnis zum Volk? In der Fantasie, ja; in Wahrheit, nein!

Wie man eine Vorstellung, Gott, die Tugend, das Recht nicht lieben, nur haben und hegen kann, ebenso wenig kann man eine Gesamtheit, mehrere Menschen, die man nur zusammen denken, nicht zu einem fassbaren, ergreifbaren und ergreifenden Gegenstand – und ein solcher ist der Liebesgegenstand – machen kann. Die Gedankeneinheiten oder Abstraktionen Menschheit, Gattung, Volk, Vaterland liebt man nicht, man liebt nur *diesen* Menschen. Die Menschenliebe ist ein Kind der Gottesliebe, beide sind Fantasien, religiöse, unklare, unmögliche Vorstellungen, wie Liebe zur Wissenschaft ebenfalls keine Liebe, sondern nur der Wissensdrang, der Eifer zu kennen und zu erkennen, nicht aber das lebensvolle, zeugungsmächtige Verhältnis von Mensch zu Mensch, von mir zu dir und dir zu mir ist.

Die Liebe hat immer nur Sinn im einzelnen Fall, denn sie ist eine Werktätigkeit, ein Bezeigen und ein Erfahren. Eine Liebe von morgen und übermorgen kann heute noch Hass sein, eine Liebe von diesem Augenblick kann im nächsten die tödlichste Feindschaft werden.

Die allgemeine Menschenliebe hat daher keinen anderen vernünftigen Sinn als die gebildete, humane, vernünftige, wohlwollende Gemütsverfassung im Gegensatz zu einem brutalen, rohen, unvernünftigen und gehässigen Charakter. Diese allgemeine Menschenliebe schließt den Hass des Einzelnen, der ihn verdient hat, nicht aus. Als allgemeiner Charakter ist sie natürlich gleichgültig, bis einer ihre Liebe oder ihren Hass verdient hat; sie hat aber nicht nur das Vorurteil, sie hat die Einsicht, dass die Weltbildung es in unseren Tagen so weit gebracht hat, ja, dass von Natur jeder Mensch gut und wohlwollend geartet ist. Den Menschen zieht es zum Menschen. Dies ist der Grund jedes realisierten Verhältnisses der Liebe, die Möglichkeit dieser schönsten Wirklichkeit.

Dem Romantiker ist die *wirkliche* Liebe nicht tief genug. Die Fantasie *aller möglichen* Liebe ist ihm mehr als das reichste, schönste Leben des Liebenehmens und des Liebegebens. Es ist seine Natur, roh und lieblos gegen jeden wirklichen Menschen zu sein, weil er die fantastische Gewissheit hat, dass er alle im Allgemeinen überschwänglich liebt. Aber wer sich einbildet im Allgemeinen zu lieben, der kennt die Energie der einzelnen wirklichen Liebe nicht, und wehe dem, der sie nicht kennt, all sein Schwelgen in unklaren Fantasien bringt ihm keinen Augenblick der wahren Wirklichkeit, all seine schönen Worte, seine große Tugend, rettet ihn nicht vor der Härte, der Rohheit und der Lieblosigkeit. Es·ist das

Geschick derer, die im Allgemeinen die Tugend verehren, im Einzelnen ihr ins Gesicht zu schlagen. Die Gottesfürchtigsten tun die gottlosesten Taten.

Wer liebt, hat kein System der Liebe. Wer gut zu handeln gewohnt ist, spreizt und quält sich wenig mit Maximen.

Wer das Allgemeine versteht, dem verdreht es den Kopf nicht, im Gegenteil, der weiß, dass es nur im einzelnen Fall Realität und Wert hat. Der verlangt es auch nicht dorthin als Fahne aufzupflanzen, wo es notwendig zum leeren Phantom und zur tönenden Phrase werden muss. Man lasse also die Liebe zur Menschheit und zum Volk ruhig laufen und liebe dafür den Einzelnen, der es verdient und bedarf, man wird tausendfach an Energie gewinnen, was man an Fantasie verliert.

Einen direkteren Sinn als die *Vaterlandsliebe* hat der *Patriotismus*. Die Vaterlandsliebe ist die naturwüchsige, gemütliche, gewohnheitsmäßige Anhänglichkeit an Heimat und Bekannte, an die Seinigen. Diese Anhänglichkeit, im Einzelnen realisiert, kann Liebe werden, im Ganzen und als Richtung auf das Vaterländische zugleich ist sie nicht weiter als zu einer unbestimmten Gefühlsbewegung, Sehnsucht, Schwärmerei, ja Krankheit zu bringen.

(Die Krankheit ist überall das Gefühl des Mangels.) Der *Patriotismus* ist das *politische Gefühl* der Einheit mit den Seinigen, die Seinigen als Volk genommen. *Er ist das Selbstgefühl eines Volks* (d.h. der sämtlichen Glieder desselben) *im Gegensatz zu einem anderen.*

Sein Selbstgefühl *ohne* die Empfindung des Gegensatzes wäre nichts weiter als sein gesundes und freies Leben. Man hat gesagt, der Gesunde empfindet sich nicht, und doch führt jede Anstrengung, also jeder Gebrauch seiner Gesundheit, Ermüdung, Hunger und Durst, kurz, eine schmerzliche Selbstempfindung oder einen *inneren Gegensatz* herbei. Beim Volke wären dies die inneren Parteikämpfe, deren Verlauf man sich ebenfalls normal und geregelt denken kann. Will man es also genau nehmen, so ist auch das positivste Selbstgefühl durch das Gefühl des Gegensatzes, wenn auch des überwundenen, bedingt; und man könnte das Selbstgefühl, welches seinen Gegensatz in sich hat und überwindet, ein positives, dasjenige, welches ihn außer sich hat und ihn darum nie völlig überwinden kann, ein negatives nennen. Der Patriotismus, dessen Selbstgefühl immer ein fremdes Volk sich gegenüber haben muss, wäre daher auch immer ein negatives Selbstgefühl. Sind die Unsrigen in Gefahr, so ist es leicht sich für sie und gegen die Fremden zu entscheiden. In dem einfachen Verhältnis, wo jeder Fremde ein Feind und ein Räuber ist, wird dies Gefühl nie fehlen. Alsdann aber macht das Unsrige dem Feind eine Faust, wenn er droht und kämpft, wenn er kommt, beides ist nur negativ; diesem Patriotismus fehlt aller Inhalt. Eigen und fremd, Freund und Feind sind die Gegensätze, die nicht mehr bedeuten wollen als hier und dort, Rücken und Front. Ich stehe, wo ich zu Hause bin.

6. Die Volkseigentümlichkeit

Man hat diesen Mangel sehr wohl empfunden und daher, besonders in der Zeit nationaler Begeisterung gegen die Weltmacht des französischen Kaiserreichs, nach einer positiven Auffassung des Patriotismus mit großem Kraftaufwand gesucht. Die positivste und einfachste Form, unter der man sich den Gegenstand des Patriotismus gedacht hat, ist die *Nationalität*, die *Eigentümlichkeit* des Volkes, das »*Volkstum*». Mit dieser Vorstellung ist unendlich viel Missbrauch getrieben worden. Je einleuchtender es ist, dass jedes Volk, wie jeder Mensch, etwas Eigentümliches, seinen aparten Charakter hat, umso mehr glaubte man, darauf bauen zu können; aber was ist denn die viel gepriesene *Eigentümlichkeit*? Doch gewiss nichts weiter als der Unterschied der Existenz. Auch den Eigentümlichsten wird man kein anderes Wesen, nur einen anderen Menschen nennen. Wo steckt denn nun die Eigentümlichkeit? Sie kann im Körper, in der Form des Lebens und im Ausdruck der Gedanken stecken, wichtige Dinge allerdings – Naturbasis, Sitte und Sprache. Aber auf den *körperlichen Unterschied* wird man doch kein Gewicht legen, solange er in den Grenzen der Menschlichkeit bleibt. Der Patriotismus, der es täte, wäre nichts als Rassenstolz und die Rohheit der Weißen in Amerika, die den Schwarzen und ihren Nachkommen die menschliche Ebenbürtigkeit absprechen. Ferner die *verschiedenen Sitten und Moden* sind schon durch die Bildung weltmännisch uniformiert; nur ausgesonderte Barbaren und isolierte Distrikte behalten ihren eigenen Kleiderschnitt und eine stationäre Lebensweise. Eine deutsche Nationaltracht wieder herzustellen, haben daher die Teutonen von 1813 und 15 zwar ganz konsequent, aber vergebens unternommen. Selbst *die Verschiedenheit der Sprachen* sucht die Geschichte durch eine Art Weltsprache, die französische, zu beseitigen. Der körperliche Unterschied, der den Unterschied des Bluts und des Naturells hervorbringt, bleibt im Grunde der Einzige, der dem

Strom der Weltbewegung ernstlich widersteht. Seine Aufhebung durch Mischung hat keinen Bestand und geschieht immer nur hin und wieder durch Zufall, obgleich gerade jetzt die Völker leicht zu nennen wären, deren träges Temperament eine systematische Mischung mit feurigerem Blut sehr wohltätig empfinden würde. Will man weiter gehen, als die *natürliche* Eigentümlichkeit des Blutes und Naturells (die übrigens noch innerhalb desselben Volkes wieder dieselben Unterschiede hervortreibt), will man den *formellen* Unterschied von *Sprache* und *Sitte*, der auch zwischen zivilisierten Völkern noch übrig bleibt, geltend machen, so wird die Frage größtenteils eine *ästhetische*, denn des gleichen *Inhaltes* von Vernunft und Freiheit wird der fremde Volksgeist ohne Zweifel fähig sein. Hat doch selbst die Religion, sobald sie im Christentum den Menschen und seine Eigenschaften in den Himmel erhob, die Grenzen der Völker überschritten! Unserer Bildung gegenüber erscheint nun die Himmelfahrt des Menschen als Aberglaube und Caprice, die Vorstellungen der Dogmatik als das Reich des Zufalls und der Fantasie. Hier also hätte die *Eigentümlichkeit* noch das meiste Recht. Wenn einmal der Zufall im Reich der Gedanken herrscht, so macht *jede* Konfession ebenbürtig, und man wird in *jeder* Façon selig: Jeder also mag so eigentümlich denken, als es ihm beliebt; erst im Himmel macht er die Probe seiner Gedanken. Wo aber die Wahrheit ernstlich für alle sein und durchgesetzt, die Freiheit immer realisiert werden soll, da ist jede *Eigentümlichkeit* des Gedankens gehalten, sich *allgemein* zu machen. Eine Form, die sich von der Wahrheit unterschiede, eine Caprice, die der Freiheit widerspräche, wäre immer nur zu beseitigen.

7. Freiheit. Kriterium der Eigentümlichkeit

*In der Freiheit haben die verschiedenen Völker ihr gemeinsames
Wesen. Von ihm wird ihre eigentümliche Existenz kritisiert und
geläutert.*

Die Freiheit ist nicht national. So wenig als nationale oder
ganz eigentümliche Gedanken wahr wären, ebenso wenig
würde eine nationale Freiheit, die sich von der menschlichen
unterschiede, eine wirkliche Freiheit sein. Wer einem Herrn
gehört, ist überall ein Sklave. Es gibt verschiedene Sklaven, es
gibt immer nur eine Freiheit, die Arbeit an dem historischen
Problem einer jeden Zeit, welche das Volk als konstituier-
tes Gemeinwesen ausführt. Wenn man sagt, und man hat es
genug gesagt, der Russe, der Preuße, der Österreicher, der
Türke ist auf seine Weise frei, so fragt es sich, ob diese Weise
human und vernünftig, ob sie nicht gerade eine Form der
Knechtschaft ist. Dass sie existiert, gibt ihr keinen Freibrief
der Gültigkeit, und sich bei dem Mangel aller Freiheit auf
die Eigentümlichkeit ihrer Existenz zu berufen, ist entweder
eine Dummheit oder eine Ironie.

»Eine ganz eigentümliche Freiheit«, sagte der französische Gesandte, als ihm der Kaiser Paul einmal die russische
Freiheit so beschrieb: »In meinem Reich ist Niemand etwas,
als mit dem ich rede, und nur so lange, als ich mit ihm rede.«
Dennoch hat man sich mit der *volkstümlichen Freiheit* immer
in jener Alternative zwischen Aberwitz und Witz befunden,
und man befindet sich noch darin, erklärt in allem ernst die
Eigentümlichkeit selbst der Barbaren für ihre Freiheit und
nimmt sich aus nationaler Theorie sogar der türkischen
Nationalität an. Die Augsburger Allgemeine Zeitung vom

31. Januar 1844 lässt sich aus Konstantinopel schreiben: »Zu Saloniki hat die Hinrichtung eines Türken stattgefunden, der sich im Zustande des Rausches öffentlich über den Propheten, über den Koran und den Islam überhaupt unehrerbietige Äußerungen erlaubt hatte. Dass dieser Fall den Eifer Stratford Cannings[6] noch mehr weckt, ist natürlich, doch scheinen seine Kollegen sich Mühe zu geben, *um ihn in den Schranken der Mäßigung zu halten.* Die Instruktionen, die der englische Botschafter in Angelegenheiten der wegen Rücktritts vom Islam zur christlichen Kirche hingerichteten Renegaten erhalten hat, sollen fulminant sein. *Schonender* scheinen die anderen Mächte vorgehen zu wollen. »Schonender« gegen die Barbarei – »*in den Schranken der Mäßigung*« gegen die Verrücktheit! Handelt es sich denn hier um eine Pfeife Tabak? Gott bewahre, antwortet die patriotische Zeitung, »um die *Nationalität* der Türken« und um die unmäßige *Humanität* Lord Aberdeens, der die religiöse Gurgelschneiderei seines barbarischen Minorennen nicht wieder einreißen lassen will. Aber, setzt sie hinzu, die Gurgelschneiderei ist »religiös und national«, »sie beruht auf einem *uralten Aberglauben des Volks,* welches die größten Gefahren für das Reich von den Abtrünnigen erwartet«.

Die Gefahren des Reichs sind dagewesen, die »schonenden« Mächte haben sie herbeigeführt und benutzt; aber sie schonen den Aberglauben, *weil* er »uralt« ist und *obgleich,* so berichtet die Zeitung selbst, »der Fall in Saloniki sogar auf die Muslime den übelsten Eindruck gemacht hat« – das heißt doch, obgleich jener Aberglaube nicht nur uralt, son-

6 Stratford Canning war ein britischer Diplomat und langjähriger Botschafter (1841–1858) in Konstantinopel.

dern auch gar nicht mehr am Leben ist, nicht einmal mehr »national« ist, sondern nur irgendeinmal gewesen sein soll, also vollständig der türkischen historischen Rechtsschule angehört. Wir haben gesagt, es gibt Deutsche, die sich der türkischen Nationalität annehmen, wir sind hinter der Wahrheit zurückgeblieben, wir überzeugen uns jetzt, es gibt Deutsche, und sie sind Normalpatrioten, die der toten türkischen Nationalität gegen die lebendigen Türken das Wort reden. Die Eigentümlichkeit dieser Nationalitätstheorie ist ihre vollständige Unabhängigkeit von der allgemeinen Vernunft; ebenso kann die eigentümliche Freiheit eines Volkes nur in seiner Unabhängigkeit von der allgemeinen Weltbewegung bestehen, ein Glück, welches der deutsche Patriotismus in allem Ernst zu erreichen sucht.

8. Die Unabhängigkeit des Volks

Das *eigentümliche* Volk fühlt sich *anders* als die andern Völker, das unabhängige Volk fühlt sich *frei* von ihnen. Die Unabhängigkeit ist ein weiterer Ausdruck des negativen Selbstgefühls eines Volks, das man als Patriotismus gepriesen hat. Die Unabhängigkeit ist die Existenz des Volks. Soll es sich für seine eigene Existenz nicht interessieren?

Jeder will vor allen Dingen existieren. Dies ist wieder unendlich einfach; aber wer mit seiner Existenz nichts anzufangen weiß, wer nicht frei und menschlich zu existieren versteht, der interessiert sich mit Unrecht für seine Existenz, und wenn er umkommt, wird man ihn ohne Schmerz begraben. Als die Revolution allgemeine Prinzipien geltend machte, widerstanden ihr die *eigentümlich* und unabhängig von der Revolution fühlenden Völker; aber wie früher der Gedanke des himmlischen Menschen, so überwältigte jetzt der humane Gedanke, den irdischen Menschen zu befreien, die Absonderung, die Revolution drang siegreich über die Grenzen der Völker hinüber. Sie hätte ihrem Prinzip nach die Freiheit bringen müssen, sie hat sie auch immerhin gebracht, so gut sie sich bringen ließ und so lange sie ihrem Prinzip getreu selbst ohne Herren war, aber sie verletzte das *Selbstgefühl der Völker,* oder vielmehr sie rief es durch ihren Druck erst hervor. War früher die Herrenlosigkeit der Bürger, der Staat und seine Verfassung, Freiheit gewesen, so wurde es jetzt: die Aufhebung der Eroberung.

Die *Volkseigentümlichkeit* und *Unabhängigkeit* wurden nun die Parole, und der bloße Name des Volks zum Ruf der Freiheit, ja, dieser Schrei nach Existenz ward der Inhalt einer lyrischen Begeisterung, vor der jede andere erlosch. Es gab 1813–15 nichts Großes und Schönes, das der Name *deutsch* nicht einschloss, obgleich die ganze Vergangenheit der deutschen Geschichte, die ganze *Wirklichkeit,* soweit sie deutsch war und ist, nur den Kampf der Deutschen gegen Freiheit und Bildung enthielt (die italienischen Städte können ein Lied davon singen) und eben im Begriff stand, den Sieg der Reaktion und der Barbarei in Europa zu entscheiden. Die wüste Aufregung der eroberten und aufgestörten Völker, die nicht ihre *politische Freiheit,* sondern nur ihre *Unabhängigkeit* von der allgemeinen Weltbewegung, nicht ein gemeinsames *Freiheitsprinzip,* sondern nur die Eigentümlichkeit ihrer heimischen Knechtschaft zu verteidigen hatten – die geistlose Völkerwanderung der Freiheitskriege, in denen man nichts hasste als die Fremden, und kein anderes Recht kannte als das *Hausrecht* –, *dies bedauerliche eingebildete Selbstgefühl einer nicht existierenden Nation* lebt noch als Nachklang in dem Gemüt der übrig gebliebenen deutschen Patrioten und ist bekannt als die Verlegenheitspolitik derer, welche die Ehre haben, sie zu kommandieren.

Ist die Eigentümlichkeit eine schlechte Art von Freiheit, so sind die *Unabhängigkeit* und das *Hausrecht* nicht viel besser. Das Hinauswerfen der Fremden mag national, es mag notwendig, es mag sogar schwer sein und viel Blut kosten, eine wirkliche Befreiung ist es nur dann, wenn die Hausbewohner gebildete Menschen und die Eindringlinge Barbaren sind. Aber es ist nicht nötig, dass die Verteidiger des Hauses frei sind, es ist nicht nötig, dass sie wirkliche Menschen sind, um das Haus tapfer und erfolgreich zu verteidigen. Einen Feind, der in mein Haus dringt, können meine Hunde vertreiben. Es ist brav von ihnen; ihre Aufregung gegen den Fremden ist sogar eine juristische; ihre Liebe zum Haus, ihren Zorn gegen jeden, der nicht hineingehört, ihre Kampflust gegen den Feind, ihren Gehorsam gegen den Hausherrn, das alles hat schon Plato in seinem Staat als die hündischen Tugenden seiner Wächter bezeichnet.

Aber diese ganze häusliche Aufregung ändert nichts in dem Prinzip des Hauses, im Gegenteil, der Hausgeist hat in ihr nur seine Probe bestanden, und die Hunde sich nur gezeigt, wie sie sein sollen. So ehrenwert sie sind, menschliche Würde, ein menschliches Prinzip haben sie nicht erobert; und wenn sie für die Befreiung ihres Hauses gefallen wären, sie wären nicht als Helden, sondern als Hunde gefallen. Es ist hart, aber es ist wahr; die Tatsache ist brutal, aber es ist vergeblich, sie zu leugnen. Es ist kürzer, die Opfer in den Himmel als die Überlebenden auf der Erde zur Würde freier Männer zu erheben, und keine Lehre kann den Herren hündischer Nationen besser gefallen als die, welche die nationale Freiheit und die Ausübung des Hausrechtes hoch erhebt und unmittelbar als Freiheit preist.

Abdel Kader[7] ist ein Barbar, Algier war ein Raubstaat; aber wenn Abdel Kader, sei es auch mit Hilfe der Löwen und Hyänen, sein Hausrecht auszuüben im Stande wäre, es würden sich Leute finden, die sich in den arabischen Patriotismus hineindächten und ihn und seine Alliierten mit »Heil euch im Siegerkranz!« verherrlichen, wie man die Kosaken und Baschkiren im Freiheitskrieg jubelnd begrüßte, ihre Tugenden pries, ja, sogar ihre Lieder sang. Also die Völker sollen ihre Unabhängigkeit, ihre nationale Existenz nicht verteidigen? Wenn sie eine schlechte und barbarische ist, nein! Die *Unabhängigkeit* der Völker hat keinen Wert, wenn die Völker wertlos sind. Es handelt sich um den Inhalt, um die Prinzipien, die man verteidigt, und nicht, dass sie national, sondern dass sie wahr sind, gibt ihnen ihren Wert. Man wird die Freiheit gegen jede Nation, am allermeisten gegen seine eigene verteidigen; es ist roh, den Fremden, weil er fremd ist, niederzuschießen; es ist die höchste Bildung, in seinem eigenen Hause nichts Freiheitwidriges existieren zu lassen.

---

7   Abd el-Kader war ein algerischer Widerstandskämpfer gegen die französische Herrschaft.

9. Eigentümlichkeit und Unabhängigkeit
sind rohe Namen der Freiheit

Wenn wir nun weder dem Selbstgefühl, welches sich Sinn
für *Eigentümlichkeit*, noch dem, welches sich *Selbstständig-
keits- und Unabhängigkeitsgefühl* nennt, ohne Rücksicht auf
den Inhalt einen Wert zuschreiben, so ist damit natürlicher
Weise nichts gegen das existierende Individuum und nichts
gegen seine selbstständige Eigentümlichkeit eingewendet;
der Reichtum des Lebens sind die vielen Individuen, die es
bilden, die Mannigfaltigkeit der Charaktere, in denen es sich
bewegt; aber dieser Reichtum wäre die Armut selbst, wenn
die Individuen nicht alle in einer Arbeit, in dem Leben der
einen Freiheit zusammenträfen, diese Mannigfaltigkeit wäre
das Chaos und die Wüste selbst, wenn die Charaktere nicht
alle für die Aufgabe des Ganzen wirkten, sondern jedes Individuum nur für sich existieren, seine Existenz und seine möglichst eigentümliche Existenz zum Zweck erheben wollte.
Wir haben also gezeigt, *dass es eine rohe Auffassung der Freiheit ist, wenn man nichts als die unabhängige und die individu-
elle Existenz zu ihrem Prinzip macht.*

10. Der wahre Grund des Selbstgefühls

Die Aufhebung des Patriotismus, die daraus folgt, ist nun
diese. Es fragt sich zuerst, *ist das Selbstgefühl wirklich das
Gefühl des Volks?* Dies ist die politische Frage und die Antwort natürlich, dass dies nur in der vollkommenen Demokratie der Fall sein könne. Sodann fragt sich weiter: Ist das

Selbstgefühl des Volks wirklich auf den Grund des freien Menschen gebaut? Das ist die menschliche, die Bildungsfrage, und die Antwort ebenso natürlich, dass dies bis jetzt noch von keinem Volke, selbst von dem nordamerikanischen nicht gesagt werden könne. Nur der Grund der wirklichen politischen Freiheit und zugleich der wirklichen Humanität und Bildung ist der wahre Grund zum Selbstgefühl für die Einzelnen und für die Völker.

Nicht also aus dem *Gegensatz* gegen andere freie Individuen, sondern aus der *Ehre und Genugtuung*, mit ihnen *übereinzustimmen*, entspringt das wahre Selbstgefühl; und wenn alsdann noch von Patriotismus gesprochen werden sollte, so würde er nicht in dem Hass, sondern in der Hochachtung freier Völker gegeneinander bestehen. Aber der Patriotismus würde dadurch zur Bildung, zur Freiheit selbst, und zwar zur Freiheit von den Schranken der Naturrohheit, die Volk von Volk trennte.

Die Eigentümlichkeit wird von Niemand höher geachtet als von dem, der auf sie eingeht. Sie wird verletzt von dem, der es vergisst, dass er nicht die einzige Eigentümlichkeit vorstellt.

Die Individuen erlangen ihren Wert und Inhalt nur in der Gesellschaft, wie die Gesellschaft ihre Mannigfaltigkeit und ihr Leben durch die Individualitäten, die sie in sich vereinigt. Der freie Mensch macht sich an die Arbeit, den Fremden verstehen zu lernen, sich mit ihm zu verständigen, der Patriot dagegen, gerade er, der so großes Gewicht auf die Individualität und Eigentümlichkeit legt, weiß mit der fremden Eigentümlichkeit nichts anzufangen, als sie zu hassen und gelegentlich totzuschlagen. Das eine ist Rohheit, das andere

Bildung. Die Differenz zwischen den Individuen lösen, heißt sie aus der Vereinzelung, vom Zufall, von den physischen und sittlichen Schranken ihrer eigenen Existenz erlösen. Die *Vereinzelung* erzeugt das Reich des Zufalls, die Not der Existenz, die Vereinigung dagegen das Reich der menschlichen Freiheit, die Vernunft und die Befriedigung der Vernunft. Die Arbeit an den geselligen oder politischen Problemen ist die Freiheit. Der *Patriotismus* ist das Prinzip der vereinzelten, differenten Volksindividualitäten, der rohen Volksgeister, die beständig gegeneinander in Harnisch sind. Das gereinigte, aus der Rohheit der alten Volksgeister entbundene Freiheitsprinzip, welches jetzt zu gleicher Zeit die ganze zivilisierte Welt ergreift und in England, Frankreich und Deutschland sich zu gestalten und zu einer klaren Fassung hindurchzuarbeiten sucht, ist der *Humanismus (le principe humanitaire).*

Gleichzeitig mit den englischen und französischen Sozialisten hat die deutsche Philosophie den Menschen zum Grund und Zweck der Religion und Politik, der Theorie und Praxis des Menschenlebens erhoben. Die Philosophie ist ihrer Natur nach universell, die bürgerliche Gesellschaft ebenfalls. Beide stimmen in der Arbeit, dem Menschen seine eigene freie Welt zu erbauen, überein, und sobald dies Faktum zum Bewusstsein kommt, hebt sich die Trennung von Theorie und Praxis auf, man kennt nur noch den einfachen Zweck, Verwirklichung des freien Menschen und Vermenschlichung seiner Welt; und überall, wo für diesen Zweck gemeinschaftlich gearbeitet wird, da ist, wenn nicht das Vaterland, nur mehr als dies, das Bruderland.

Diese Alliance der Geistesrichtung in Deutschland, England und Frankreich, die vorhanden ist, stumpft den Patriotismus, den Nationalhass und die Naturrohheit der verschiedenen Völker ab.

Nun muss man zwar zugestehen, was unsere Gegner so glücklich macht, es fehlt noch viel, um ein geläufiges Verständnis des neuen humanen Grundes der Dinge auch nur bei den Deutschen und Franzosen, den vorzugsweise denkenden Völkern, hervorzubringen, noch weniger ist für die Verwirklichung der Humanität oder universellen Freiheit geschehen – dies ist eben die Arbeit –, aber die tatsächliche Vereinigung in demselben Prinzip ist vorhanden, sie erzeugt das neue Verhältnis, welches die Nationalen als Verfall, die Humanen als den größten Fortschritt bezeichnen.

11. Auflösung der Revolution in die Reform der bürgerlichen Gesellschaft

Die Revolution hat einen großen Schritt vorwärts getan. Sie hat in der sozialistischen Richtung der Engländer und Franzosen die Kritik gegen sich selbst gekehrt. Diese Richtung, deren Bedeutung nicht mehr zu verkennen ist, steigt aus der *Staatsregion* in die *bürgerliche Gesellschaft* (wir teilen hier mit Hegel ein) herab, d. h. sie befasst sich ernstlich mit ihr und will die bürgerliche Gesellschaft, »das System der Bedürfnisse und der Arbeit«, in die menschliche Gesellschaft, die ihre Bedürfnisse vorhersieht und ihre Arbeit nach dem wahren Bedürfnis der Freiheit und Humanität einrichtet, auflösen, oder vielmehr die Auflösung der bürgerlichen Gesellschaft, die in disparate, dem Zufall überlassene Individuen auseinanderfällt, aufheben, und die Konstituierung, nicht nur der allgemeinen, sondern aller Geschäfte der Menschen unternehmen. Sie sagt: »Die jetzige bürgerliche Gesellschaft, auch wie sie in Frankreich aus der Revolution hervorgeht, ist das System der Konkurrenz streitender Interessen der sich selbst überlassenen Privatmenschen. Die Revolution wollte die Freiheit erzeugen und setzte die freigelassene bürgerliche Gesellschaft als die Bedingungen der Freiheit voraus, aber die Herrschaft des Zufalls, unter der sich hier die Menschen befinden, enthält nur die Bedingungen einer neuen harten Knechtschaft, eines Feudalismus der Industrie, der an Rohheit und Härte den mittelalterlichen Feudalismus weit übertrifft.«

Ist die bürgerliche Gesellschaft nicht frei, so ist es auch die politische nicht. Die Unabhängigkeit und Freigelassenheit der bürgerlichen Gesellschaft ist keine Freiheit. Im Gegenteil, frei ist, wer statt des Zufalls die Vernunft zum Herrscher hat. Dass die Revolution die Bedingungen der Freiheit *voraussetzt*, dass sie fingiert, der Mensch könne auch bei der Unmöglichkeit einer menschlichen Existenz frei sein, ist der Selbstbetrug der Revolution. Ihre gegenwärtige Selbsterkenntnis und Selbstkritik bestehen nun darin, dass sie *die Bedingungen der Freiheit*, die menschliche Existenz aller Mitglieder der bürgerlichen Gesellschaft, erzeugen will, um die Freiheit zu erzeugen (wobei es sich von selbst versteht, dass die Erzeugung aller Bedingungen die Geburt der Freiheit, und die Geburt der Freiheit die ganze Freiheit selbst ist).

Dies gibt der Revolution einen universellen Charakter. Sie gewinnt dadurch von Neuem die Fähigkeit, die ganze Welt bis in die völlig unpolitische Gesellschaft hinunter zu interessieren und in Bewegung zu setzen. Denn die jetzige bürgerliche Gesellschaft, mit der es die künftige Revolution oder Reform (denn es versteht sich von selbst, dass Revolution nichts anders heißt, als prinzipielle oder radikale Umgestaltung geselliger Formen) ausdrücklich zu tun hat, die aber der alten Revolution hinter ihrem Rücken entstand und ihr darum auch unvermerkt über den Kopf wuchs, *sie ist der unmittelbare Zusammenhang, der sich durch die politische Unterscheidung der Menschheit, die Staaten, hindurchzieht, der allgemeine Boden der zivilisierten Welt.*

Abgesehen nun davon, dass die bürgerliche Gesellschaft in England und in der ganzen Fabrikwelt schon in der Auflösung begriffen ist und überall an der großen Menschenverwahrlosung, die sie in sich trägt, einen äußerlichen Schaden zeigt, so fühlt sie auch selbst ihre eigne Unzulänglichkeit. Sie will den Zufall, den sie zum Prinzip hat, nicht anerkennen, sie setzt der *unsittlichen Weltverwirrung,* unter der sie erliegt, eine *moralische Weltordnung* entgegen, die sie in Aussicht stellt. Sie ergänzt den Mangel der wirklichen Existenz durch die Fantasie einer jenseits zu hoffenden Vollkommenheit. Die unerbittliche Not durch den beschwichtigenden Glauben, die Last des Lebens durch die Fantasie der Religion. In der Religion wiederholt sich die Wirklichkeit, sie erhebt den Menschen und seine Verhältnisse in den Himmel; aber nicht die handfeste, anstößige Realität, die uns niederdrückt, sondern aus dem gefügigen Duft der Fantasie bildet sich diese zweite Welt, als lockende Fata Morgana am Firmament der wirklichen. Die Auflösung aller religiösen Fantasien, Wünsche und Dekrete in die ihnen zum Grunde liegende menschliche Wirklichkeit ist durch die deutsche Philosophie, durch Feuerbachs Wesen des Christentums, vollzogen. Die Auflösung der diesseitigen wirklichen Welt, der *bürgerlichen* Gesellschaft in die *menschliche*, der verwahrlosten Menschheit in die wahre und gesunde, der Sklavenarbeit in freie, vernünftig konstituierte oder »organisierte Arbeit« ist das Problem des »Sozialismus« in England und Frankreich. Er findet die Auflösung der Sozietät vor, und darum fordert er die Sozietät, »die Assoziation«, eine Kritik und eine Forderung, mit der Fourier[8] schon im Jahre 1808 auftrat, deren ganze Bedeutung aber erst die heutigen englischen Zustände klar gemacht haben. Nicht nur die Götzen des Gläubigen, auch die Fetische der Praktiker hat die Geschichte ans Licht gezogen, und sie wandern zusammen in den Schmelzofen ihrer Menschenschmiede.

Wer beide Erscheinungen versteht, wer den Mysterien der *Religion* und den Mysterien der *verwahrlosten Gesellschaft*, nachdem beide enthüllt sind, auf den Grund zu sehen vermag, dem wird es nicht entgehen, wie die Zeit in den drei Ländern gearbeitet hat. Die Einheit des deutschen und des englisch-französischen Humanismus braucht nicht erst hergestellt, sie braucht nur erkannt zu werden. Beide sind die Erfüllung der Menschenwelt mit ihrem wahren Inhalt. Der religiöse Inhalt als Eigentum und Inhalt der Menschenwelt macht das Glück und seine Verheißung, die Wahrheit und ihre Praxis zu einem Gegenstand des irdischen Strebens,

8 Charles Fourier war ein französischer Gesellschaftstheoretiker, ein Vertreter des Frühsozialismus und scharfer Kritiker des frühen Kapitalismus. In seinem Buch »Theorie der vier Bewegungen« (1808) kritisierte er die »Zerstückelung«, die Vereinzelung des Menschen in der sich modernisierenden Wirtschaft.

zu einer menschlichen Funktion, der Inhalt der Freiheit, auf alle Menschen verteilt, macht das politische Privilegium zu einem allgemeinen Besitz. Was die Revolution wollte, die Freiheit, das kann nur die Konstituierung und Organisation der ganzen bürgerlichen Gesellschaft, der Arbeit jedes Alters und jeder Klasse erreichen.

12. Erst die totale Befreiung der Menschen ist auch die Aufhebung der Religion

Wie religiös die Revolution noch war, lässt sich daraus abnehmen, dass erst die Auflösung der Revolutionsfreiheit in die Freiheit der ganzen bürgerlichen Welt die wirkliche Aufhebung der Religion sein würde. Die freigelassenen Menschen, die ihrer größten Masse nach in die Sklaverei der Natur und der Industrie geraten, leben in einer zu inhumanen Welt, als dass sie die formale des theologischen Idealismus entbehren könnten.

»Wer sollte den Unterdrückten trösten, fragt Robespierre, wenn es keinen Gott gäbe?« So lange die menschliche Gesellschaft ihr Versprechen, die Unterdrückung aufzuheben, nicht gelöst hat, ist die *Verheißung*, dass es später einmal geschehen solle, nicht überflüssig. Dies ist die Religion. Man löst ihr Problem nicht, wenn man das Illusorische ihrer Verheißung erkennt, sondern wenn man sie mit ihrer Verheißung beim Wort nimmt und aus ihrem Morgen ein Heute macht. Die Religion wird erst dann überflüssig, wenn die verwahrloste Menschheit aus einer Wirklichkeit befreit ist, in welcher der Selbstverlust ihres Wesens ihr Schicksal und das vergebliche

Ringen, es wieder zu gewinnen, ihr Trost ist. Wer die Religion nötig hat, der wird Religion haben. Sie ist ein Produkt der Not, und die Not, die harte Notwendigkeit nennt schon Hegel das Prinzip der«bürgerlichen Gesellschaft». Solange die bürgerliche Gesellschaft eine in sich unbefriedigte Existenz bleibt, besteht die Religion neben der Kritik.

Die Kritik, auch die sozialistische, ist nur *theoretische* Aufhebung der Theorie des »Notstaates«. Die *praktische* Aufhebung dieser religiösen und sozialistischen Theorie der Notdurft ist die, dass man sie überflüssig macht. Die Kritik der Religion durch die deutsche Philosophie kann den englisch-französischen Sozialisten so ohne Weiteres zu ihren Zwecken nicht dienen, und auf der anderen Seite ist die Arbeit der Sozialisten Theorie geblieben und noch nicht so weit gediehen, dass sie die deutsche Kritik der Religion ohne Weiteres berichtigen und durch Reformierung der Wirklichkeit, aus deren Not und Mangel die Religion sich erzeugt, die reelle Versöhnung der Welt mit sich selbst bewirken könnte. Ohne Zweifel ist die Verwirklichung dieses Prinzips eine weit aussehende Sache; auch wird es nie möglich sein, den Abfall von der wissenschaftlichen in die fantastische Welterklärung und von der Organisation in Desorganisation zu verhindern; nichtsdestoweniger muss die Geschichte des Menschengeschlechts diese Aufgabe fortdauernd verfolgen, und jede teilweise Lösung des Problems, jede neue ernstliche Proklamierung des Prinzips sogar ist eifrig zu ergreifen.

13. Patriotismus und Humanismus

Die Humanitätstheorien haben im Völkerrecht, im Straf-
verfahren, im Weltverkehr Unglaubliches geleistet. Die
Theorien des Humanismus wirken schon jetzt gegen den
religiösen und patriotischen Fanatismus. Sie heben den
Patriotismus im Prinzip auf und beseitigen die alte rohe
Differenz der Völker untereinander. Dagegen bildet sich
in den Völkern eine neue, und diese wird vielleicht heftiger
ausgefochten werden als alle früheren Streitigkeiten. Die
neue Differenz ist die totale, der Streit des Begriffs oder der
Bestimmung des Menschen mit seiner Existenz. Es fragt sich
nicht mehr, ist dieser Mensch ein Deutscher oder ein Franzose, sondern ist der Deutsche, der Franzose ein Mensch, ein
freier Mensch, und er soll es nicht nur dem Namen nach sein,
man verlangt seine humane, seine freie Existenz. Die wirklichen, die freien Menschen sollen keine Ausnahme von der
Regel, ihre Erzeugung nicht das Privilegium einer Nation
sein. Nicht irgendeine Nation, sondern die Menschheit in
allen Nationen nimmt die fähigen Köpfe, die rühmlichen
Taten und die Ehre der Freiheit für sich in Anspruch. Noch
mehr, nicht für die Größe eines Menschen, sondern für die
Freiheit aller, nicht für die Abgeschmacktheit der Privatge-
nies, sondern für die Bildung geselliger Genies, nicht für die
Eitelkeit einer Nation, sondern für die Verwirklichung des
freien Menschen in ihr, nicht für die Kleinlichkeit eines indi-
viduellen oder nationalen Vorzugs, sondern für die Größe
der Propaganda im Dienst des Humanismus schlägt das
Herz des neuen Weltpulses. Die Aufhebung des Patriotismus in Humanismus ist eine Form des gegenwärtigen Frei-

heits-Problems, eine Frage, die zur Aufräumung der Köpfe und zur Erweiterung der Herzen diskutiert zu werden verdient. Die Ereignisse kommen der Auflösung des Patriotismus, dieser politischen Religion der bisherigen Welt mit aller Macht zu Hilfe. Welche Nation ist mit sich so in Bausch und Bogen zufrieden, dass sie auf sich pochen sollte? Und wo es geschieht, was folgt daraus? Haben die Deutschen sich nicht selbst verspottet wegen ihres hohlen Rheinliedsenthusiasmus? Und wie geht es bei den Franzosen zu? Man blicke nur um sich. Selbst die Republikaner, werden sie nicht lediglich durch den Patriotismus, so oft sie ihn herauskehren, auf die Seite der Reaktion geworfen?

Wir erinnern nur an die Fragen der Rheingrenze und der Befestigung von Paris. Beide sind patriotische Fragen und beide sind durch den Patriotismus (...) vollkommen nach dem Wunsch der Reaktion gelöst worden. Wenn die Franzosen den Rhein verlangen, so können die *Deutschen* ihren Franzosenhass wieder in Schwung bringen. Wenn aber das Prinzip der Freiheit den Rhein erreicht, so ist die Reaktion verloren. Worin besteht nun der Fehler dieser Freiheitsfreunde? In ihrer Unklarheit über das Wesen des Patriotismus, der sie mit dem Gespenst der Fremde schreckt und irre macht. Nicht die Fremden (les etrangers) sind ins Auge zu fassen, sondern die Gegner *(les ennemis),* wo sie auch sind. Hat die Reaktion die Ufer der Seine im Besitz, so wird von hier aus keine Seele erobert. Hat die Freiheit das Herz von Frankreich, so hat sie alle Herzen in Europa erobert. Der Patriotismus hat den Feind in der Fremde und vergisst über dieser Vorstellung den einheimischen Feind, den er vor sich, und den prinzipiellen Freund, den er in der Fremde hat.

14. Der Patriotismus und die Partei

Der Patriotismus gewinnt nur dann einen vernünftigen Sinn, wenn die *Partei*, welcher die Nation folgt, ihren Feind Aug' in Auge sich gegenüber hat, und in ihm den Gegner der »guten Sache«, gleichviel ob fremd oder bekannt, angreift, d. h., wenn er aufhört, national zu sein, und prinzipiell oder human wird. Die Differenz der Kämpfenden ist alsdann eine menschliche, die Parteiung. Die *Parteiung* ist die menschliche Differenz, weil sie die Differenz der Ansichten und Gedanken ist; die Individualisierung und Nationalisierung der Menschen ist die rohe Differenz, die *Differenz der Existenz.*

Der Patriotismus nimmt die *Völker* als Parteien und abstrahiert von den Parteien in den Völkern; der Humanismus setzt die Parteien über die Völker, aber er abstrahiert darum nicht von der Individualität der Völker, er erkennt sie vielmehr an als Genossen in der gemeinsamen Arbeit der Befreiung des Menschen von der verschiedenen volkstümlichen Verwahrlosung, in der er lebt.

Der Patriotismus setzt die Völker auf den Kriegsfuß, der Humanismus will auf dem Friedensfuß die menschliche Entwicklung, die Bildung der besten Gesellschaft aus der allgemeinen Vereinigung bewirken; aber der Humanismus wird seinem Willen zuwider gerade durch die Verwirklichung des Menschen den Krieg entzünden. Der humanisierte Mensch wird sich mit dem brutalen, die Partei des menschgewordenen Volks mit den Barbaren um den Besitz der Welt streiten. Dieser Streit wäre für die Humanität und in ihrem Sinne nur die Darlegung ihrer selbst, nichts als der Beweis sozusagen der Identität ihrer Person. Sie würde aus ihrem Inhalt

Tagesfragen machen und in der Diskussion die Köpfe der Menschen nicht herunterschlagen, sondern zurechtrücken. Diese Form des Kampfes, der geregelte Parteikampf, wäre eine Aufhebung der Barbarei. Die Barbaren geben sie nicht zu. Und sie haben nun ihrerseits ebenfalls nichts weiter zu tun, als ihre Existenz zu behaupten, um die Waffe der Vernunft in die der Brutalität, die Schärfe des Gedankens in die Schärfe des Schwertes und den Kopf des Menschen in den Knopf ihrer Zielscheibe zu verwandeln. Die Existenz des Menschen zwingt den Barbaren nicht zu ihrer Anerkennung – der Boden der Vernunft ist über ihm, man müsste ihm seine Barbarei nehmen, um ihn hinaufzuschaffen; aber der Barbar braucht den Menschen nur an seiner Existenz zu ergreifen, um ihn zum barbarischen Kampfe zu zwingen – die *Existenz* ist der gemeinsame Boden des Vernünftigen und des Unvernünftigen.

Die Barbarei behauptet ihre Existenz als Prinzip; sie kennt kein anderes Prinzip als ihre Existenz. Aber es zeigte sich erst in unserer Zeit und durch das Hervorziehen des Menschen hinter allen Existenzen der Religion, der Philosophie und der politischen Welt, dass die barbarische Existenz das Prinzip der bisherigen Welt, der verflossenen Geschichte und ihres offiziellen Bestandes ist. Die Humanität selbst war es, welche durch ihren Gegensatz die Barbarei nötigte, sich zum Prinzip zu machen. Erst durch die humanistische Kritik wurde sie zum Kampf für »alles Bestehende« aufgestachelt. »Alles Bestehende« unbesehens, so drückt sie ihr wesentliches Interesse aus, das ist ihr Schlachtgeschrei. Ganz natürlich. Denn seitdem ihr bewiesen wurde, ihr höchstes Wesen sei das Unwesen, der karikierte Mensch und ihre freiheitswidrigen Institutionen nur die Ausführung dieser Karikatur in der Welt, die Sklaverei und Verwahrlosung vieler Millionen eine unerträgliche Schmach für unser Jahrhundert; seitdem ist sie diesem Beweis zwar nicht gefolgt, aber doch an der Wahrheit ihrer Sache zweifelhaft geworden, sie glaubt nur noch an die Wirklichkeit ihrer Existenz, d. h. »alles Bestehenden«. Erst in der Brutalität des Faktums erkennt die Reaktion sich wieder, und nur dies, nur die *rohe Existenz* hat sie der Revolutionierung der geistigen Welt und, sofern sie Teil daran hat, ihres eigenen Innern entgegenzusetzen. Nicht aller Bestand, sondern der Bestand der Wahrheit und Freiheit ist zu konservieren. Die konservative Barbarei will »alles Bestehende, weil es besteht«, aber sie gesteht der bildenden und befreienden Vernunft keinen Bestand zu, sie macht im Gegensatz zu ihr aus der Existenz ein Prinzip. Die große Masse der Menschen, die nur leben will, um zu leben, macht die *Existenz zum Zweck;* und die jetzige bürgerliche Gesellschaft, welche durch diese blinde Masse gebildet wird, kennt nur den Kampf um die Existenz. Dasselbe Prinzip, denselben Zweck und denselben Kampf proklamiert der Patriot. Mit dem Bestand der Landesgrenzen verteidigt er jeden Bestand, den sie einschließen, und mit der Ausschließung des humanistischen Volks schließt er auch den Humanismus aus. Ginge der Patriot, z. B. der deutsche, auf den Grund der nationalen Existenz zurück, so würde er finden, dass erst die Auflösung der vorhandenen Wirklichkeit die Begründung der wahren Existenz wäre, er würde z. E.[9] begreifen, dass der Deutsche, wie er ist, noch kein freier Mensch ist, würde also

9   Zum Exempel.

den Humanismus nicht bekämpfen, sondern ihn aus seiner eignen Nationalität erzeugen, indem er die Partei des freien Menschen ergriffe und in seinem Volk ausbreitete.

Und in der Tat, der *Parteigeist* führt uns über die Völker hinaus. Er ist der Assoziationstrieb zur Arbeit für die Probleme der Freiheit, der Eifer der geselligen Arbeit, die belebte, die begeisterte, die animiert in sich arbeitende Menschheit selbst. Er führt den Menschen zum Menschen durch die Verhandlung streitiger Ansichten und Absichten. Der Patriotismus hingegen ist der Geist der Absonderung, der Trennung des Menschen vom Menschen durch den blauen Dunst des allervorzüglichsten und höchsten Volkswesens, dessen wahre Existenz die allertraurigste von der Welt sein kann. So ist das deutsche Volk in der Wirklichkeit mit den Fesseln eines politischen und bürgerlichen Helotismus, in der Vorstellung des Patrioten dagegen mit allem Hohen und Herrlichen geschmückt. Der Kultus dieses transzendenten Fantasiewesens und die blinde Feindschaft gegen die Verehrer eines fremden Volksgottes, diese Trennung des Menschen vom Menschen ist religiös. Ist die Parteiung eine *menschliche* Differenz, so ist die *patriotische Differenz eine religiöse.* Der Patriot kämpft für eine »heilige Existenz«, der Parteimann für ein politisches Problem. Der Patriot verfolgt in dem Fremden einen Unmenschen, der Parteimann wendet sich in seinem Gegner an den Menschen. Der Parteimann streitet für einen bestimmten Inhalt, der Patriot, der nicht in den Parteimann übergegangen ist, für sein Volk unbesehens mit jedem Inhalt, mit einem Wort für »Alles Bestehende« in seinem Lande. Der Patriot kann aber nicht Partei ergreifen, ohne von der Religion für seinen Volksgötzen abzufallen; denn die Partei hat ihre nächsten Feinde im eignen Volke. Aus seinem blinden Nationalismus den bewussten Humanismus der Partei zu erzeugen, muss er sich versagen. Wenn ein Franzose die Meinung des deutschen Patrioten ausspricht, so stimmt dieser ihr darum nicht bei, weil es ein Franzose gesagt.

15. Der Patriotismus ist eine Form der Religion

Der Patriot bringt die Zeugungskraft, womit er den Menschen und die allgemein menschlichen Probleme seiner Zeit und ihre Lösungen durch den Parteikampf hervorbringen könnte, dem *Götzen* einer fantastischen Volksexistenz zum *Opfer*. Der Patriotismus ist die *irdische Religion* der isolierten Volksungetüme, er ist der Geist der in sich verschlossenen konservativen Barbarei, der Enthusiasmus der Reaktion, der die Existenz des Menschen daransetzt, um die Existenz vielleicht eines Unwesens, dessen Herrlichkeit er sich aber vorspiegelt und anbetet, zu retten. (…)

19. Preußischer und deutscher Patriotismus

Ist in Preußen durch den Patriotismus nur die Konstitution der konservativen Barbarei erreicht worden, so hat es Russland noch nicht einmal bis zum Patriotismus gebracht. Der Patriotismus ist der Volksgeist in seinem Selbstgefühl, wie es nun auch sei. Russland hat gar keinen Geist, auch nicht die Begeisterung für die Landesgrenzen und den Landesherrn. Der Russe hat einen unmittelbaren Herrn und höchstens Religion. Der Krieg Russlands gegen Napoleon war Religionskrieg. Allerdings hörte er nicht auf, es zu sein, als er sich nach Deutschland zog, aber die Religion nahm hier nun die Form des Patriotismus an. »Mit Gott für König und Vaterland!« ist die Devise des deutschen Patriotismus von 1813, dafür begeisterte man sich, und selbst die Freiheit, die man damals im Munde führte, obgleich sie nur apokryphisch vorhanden und von dem König von Preußen eigenhändig aus der Devise gestrichen war, bedeutete nichts weiter, als was jene königliche Verbesserung, nur deutlicher, auch sagt, die Befreiung des Königs und seines Landes von den Franzosen. Der Russe, der nach Deutschland kam, war nicht patriotisch erregt, er brachte keinen Enthusiasmus, sondern nur seine Rohheit und seine andächtige Unterwürfigkeit mit. Der Deutsche dagegen enthusiasmierte sich für Volk und Vaterland und dachte sich beides als den Inbegriff alles Schönen und Großen. Nun ist es zwar richtig, dies Volk und dieses Vaterland war nur eine Verheißung der Dichter, eine zukünftige Welt, eine reine Fantasie, nicht besser also als der Himmel der Religion: Es gibt kein deutsches Volk, nur eine Revolution könnt' es schaffen; aber der Enthusiasmus, der seinen Gegenstand nicht gefunden hat, suchte ihn doch auf dieser Welt, es war seine eigne Welt, das deutsche Volk. Es gab eine deutsche Literatur, warum sollte es nicht auch ein deutsches Volk geben können? Arndt rief aus:

So weit die deutsche Zunge klingt/Und Gott im Himmel Lieder singt, soll Deutschland sein. Diese Realität hielt nicht Stich, das existierende, sprechende, singende Volk wurde kein politisches, freies, wirkliches Volk, und als es sich zeigte, dass in der Gegenwart der Patriotismus seinen Gegenstand vergeblich suchte, wandte man sich zur Vergangenheit, zur Herrlichkeit und Größe der deutschen Geschichte. Auch hier betrogen, denn die deutsche Geschichte ist gewiss keine menschliche Freiheit, ist der deutsche Patriot inne geworden, dass die kahle, prosaische Existenz unvernünftiger Zustände der Inhalt jener Grenzen ist, die er mit seinem Blut erkaufte. Wir haben gesehen, was die Folge davon war. Man erhob die Existenz zum Prinzip und die Heiligkeit alles Bestehenden zur Parole.

Der deutsche Patriot hat sich auch diesen Inhalt und diese Devise gefallen lassen. Dahin ist es mit dem deutschen Patriotismus gekommen und dahin musste es kommen. Der deutsche Patriotismus war von Anfang an gegen die Zukunft, gegen die Revolution und gegen Frankreich, das Land der Revolution, gerichtet. Er kommt aus Russland. Sein Geburtshelfer ist die russische Nationalreligiosität, die Andacht der Unterwürfigkeit, und er selbst ist nichts anderes als der religiöse Enthusiasmus für die Nationalität und darum die Unterwerfung unter das Deutschtum. Der Patriot unterwirft sich von vornherein, wie er sich von vornherein opfert, indem er ausruft: nicht mit freiem Bewusstsein für mich und meine menschliche Bestimmung, sondern »mit Gott für König und Vaterland!«, d. h. wir wollen die Franzosen vertreiben, dann sind wir frei, dann haben wir unser Vaterland wieder. »Der deutsche Michel, der sein Vaterland sucht« und es für den König findet. Die Russen haben kein Vaterland und suchen auch keins, sie hassten darum auch die Franzosen nicht, ihr Gott und ihr Winter haben den Feind vernichtet. Die Deutschen von 1813 hassten die Franzosen und suchten durch ihre Vertreibung ein Vaterland zu gewinnen. Das Vaterland war das Land ihrer Landesväter, die »Freiheit Deutschlands« nichts als eine Fantasie Deutschlands. Der Hass der Franzosen im Interesse ihrer Landesväter und im Bündnis mit Russland und Österreich ist das »Volksgefühl« der Deutschen, der bekannte Ausdruck: »wir lassen uns kein Dorf nehmen!« und »sie sollen ihn nicht haben!« ihr »Vaterlandsgefühl«. Sie reden und fühlen, sie dichten und denken im Namen ihrer Herren und Gebieter, die die Dörfer und Flüsse *haben*.

Das Elsass der Franzosen ärgert sie, die deutschen Ostseeprovinzen der Russen, die Besitzungen der Dänen und der Holländer in Deutschland oder Helgoland unter England geniert sie nicht. Sie hassen nur die Franzosen, und wenn sie die Russen nicht lieben, so ist doch der gemeinsame Despotismus ein enges Band mit ihnen, und der Gehorsam ihrer Regierungen gegen den Zaren eine Tatsache, die sie täglich empfinden. Die Unterdrückung der Presse auf Russlands Vorstellungen, die Preußen, die ungestraft nach Sibirien geschickt wurden, die Erneuerung des Kartelvertrags – und dies erniedrigende Verhältnis empört niemand, im Gegenteil, die Allianz der barbarischen Völker und die materielle Wucht derselben ist das Einzige, womit die leere und fantastische deutsche Nationalität ihr Selbstgefühl gegen Frankreich aufrechterhalten kann. Da das deutsche Volk nicht existiert und die existierenden deutschen Völker ohne Freiheit und politisches Bewusstsein existieren, so kann der Deutsche sich das Gefühl seiner Existenz nur von außen holen. Allerdings ist die Illusion des Deutschtums und das Spiel, welches die einzigen politischen Realitäten in

Deutschland, die größten Gutsherren, sich mit ihm erlaubt, längst aufgedeckt, und eine Wiederholung des alten Patriotismus in der Nation nicht denkbar; den nächsten Krieg müssen sie ohne Patriotismus führen. Die Illusion aber, als wäre das Verhältnis noch immer das alte, wird von den Epigonen der Freiheitskriege, einer ziemlich ausgebreiteten und sehr brutalen Partei, die jetzt das Heft in Händen hat, unterhalten, indem sie die Literatur und Journalistik, die sie gänzlich monopolisiert hat, als die Öffentlichkeit des deutschen Volks proklamieren lässt. (…)

28. Schluss

Patriotismus und *Religion* sind auch in Frankreich der Ausdruck *der alten Ordnung der Dinge.* Sie ist die Unordnung der Menschenwelt, in welcher die Dinge über die Menschen herrschen, in welcher die verwahrloste Existenz in der Welt und das vollkommene Wesen *außer* der Welt die dämonischen Prinzipien bilden und – »Menschenopfer fallen unerhört«.

Die neue Ordnung der Menschenwelt ist dagegen noch einmal das Problem geworden, für dessen Lösung Frankreich seine Erfahrung, seine Talente und seine Kühnheit aufbietet. Diese Aufgabe ist frei von patriotischer Beschränktheit. Deutschland dagegen hat nicht politisch, es hat nur wissenschaftlich agiert, es hat keine radikale Partei, aber es hat ein radikales Bewusstsein erzeugt. Die deutsche Philosophie war patriotisch, als Deutschland noch die Freiheit der Philosophie proklamierte; sie hat den Patriotismus ablegen müssen, weil kein Grund, auch kein theoretischer mehr für ihn vorhanden war, sie hat ihn abgelegt, weil sie seine Grundlosigkeit und die Illusion, auf die er überall gegründet ist, erkannt hat; aber sie weiß es, dass in ihrem Prinzip, und also im Aufgeben des Patriotismus selbst, einzig und allein die Ehre Deutschlands vor dem Richterstuhl der Geschichte gerettet ist, während der zurückgebliebene Patriotismus alle Schande zu seinem Inhalt nimmt und die einzige Ehre seines Vaterlandes, die philosophische Arbeit, die Lösung der theoretischen Sklaverei des Menschengeschlechtes *ausstößt, verfolgt und verwünscht.*

Es ist für das Prinzip des Humanismus unumgänglich notwendig, wie dies auch geschieht, sich an alle geschichtliche Nationen zugleich zu wenden, um in allen sich eine Partei zu bilden. Aber diese Tat ist selbst Prinzip, sie ist daher ebenso freiwillig, als sie notgedrungen war. Selbst der Patriotismus für ein menschgewordenes Volk wird so bald nicht möglich – und eher wird die Humanisierung des Patriotismus überhaupt nicht möglich. Mag also der Patriotismus bleiben, wo er hingehört, und untergehen, wo seine Zeit vorüber ist, wir können ihn so wenig bedauern, als wir die Religion und den Kultus all ihrer gestorbenen Götter bedauern. Man wird sich nicht opfern, nein; aber wir haben gesehen, dass die Arbeit freier Menschen an die Stelle der aufgeregten Opfer tritt, ja, die Geschichte selbst – nennen wir nur Mirabeau[10]

10 Honoré Gabriel de Mirabeau, französischer Politiker und Revolutionär, war Anfang 1791 bis zu seinem frühen Tod (mit 42 Jahren) im März Präsident der verfassungsgebenden Nationalversammlung. Die Todesursache ist umstritten, einige vermuten einen Giftmord, andere führen seine Tod auf seinen ausschweifenden Lebenswandel zurück.

und Carnot[11] – hat schon hervorragende Männer erzeugt, die eine solche Arbeit ohne Fanatismus öffentlich ausgeführt; also wird Niemand zweifelhaft sein, ob diese Arbeit, wenn sie allgemein wird, die Penaten der neuen Freiheit rettet oder in Gefahr bringt.

Jetzt existiert diese Freiheit ohne Haus und Herd, jetzt ist sie in Gefahr; aber diese Gefahr alteriert sie keinen Augenblick. In den Köpfen derer, die sie in aller Fremde für sich gewinnt, entzündet sie ihr ewiges Feuer, dass sicher die ganze geschichtliche Welt ergreifen und all ihre bösen Schäden ausbrennen wird.

Nur einen Schaden gibt es, den keine sittliche Weltordnung kurieren kann, den physischen, der die Geschichte selbst klimatisch beschränkt, und nur diesen Unterschied der Menschen lassen wir dem Patriotismus übrig. Wenn er sich behaupten will, muss er zuletzt mit ihm der Bildung und Versittlichung der Welt entgegentreten.

Wer also ist noch patriotisch?

Die Reaktion.

Wer ist es nicht mehr?

Die Freiheit.

[11] Lazare Carnot, Offizier, Mathematiker und Politiker, wirkte 1795 am Sturz Robespierres mit und war später Kriegsminister unter Napoleon Bonaparte. Zog sich kurz darauf im Konflikt mit Napoleon – er war gegen ein Konsulat auf Lebenszeit – aus der Politik zurück, um sich wieder seinen wissenschaftlichen Arbeiten zu widmen.

AUS BRIEFEN

OFFENER BRIEF AN ROBERT EDUARD PRUTZ[12]

Vortrefflicher Prutz!

Als ich im Mai des vorigen Jahres Dir einen Teil meiner gesammelten Schriften widmete, hatte ich noch keine Ahnung davon, dass Du in dem heißen Kampf der rohen und humanen Welt, den wir erleben, »die patriotische Partei« ergreifen, dem Humanismus einen Absagebrief (den Brief: Vaterland? oder Freiheit?) schreiben und mir wegen meines Angriffes auf das Prinzip der Reaktion – denn das sind ja die rohen Volksgeister und ihr übelbegründetes Selbstgefühl, es ist der Patriotismus der nicht-humanisierten Völker – den Fehdehandschuh ins Gesicht werfen würdest; eher hätt' ich an Menzel oder an die Augsburger Zeitung gedacht! Es ist geschehen; ich nehme Deinen Handschuh auf. Ich berühre Deinen Schild und sage Dir: Patriot, Dein »freies Vaterland«

12 Robert Eduard Prutz (1816–1872) war Literaturwissenschaftler, Dichter und Dramaturg und hatte gemeinsam mit Ruge die Halleschen Jahrbücher herausgegeben. Ruges »Offener Brief« war eine Replik auf Prutz' Text: Vaterland? Oder Freiheit? Brief an einen Freund, Kleine Schriften, Bd. 1, Merseburg 1847, S. 69ff.

ist nicht frei; Deine »patriotische Partei«, die das Vaterland beherrscht, wusste seine Fesseln nicht zu lösen.

Vaterländisch und human *sind* Gegensätze; umso schlimmer, da sie es *nicht sein* sollten. *Vaterländisch* ist der Untertan ohne politisches Recht; human wäre der Staat freier Bürger. *Vaterländisch* ist die Inquisition und das heimliche Gericht durch besoldete Diener des Landesherrn; *human* wäre das Gericht auf offenem Markt vor geschworenen Bürgern. *Vaterländisch* ist die Zensur und die Unzurechnungsfähigkeit des Autors, das Verbot der Schriften und Vorlesungen; human wäre jedes Menschen Recht, frei zu schreiben und zu reden und für sein Wort selber einzustehen – nur vor den geschworenen Richtern, seinen Mitbürgern. *Vaterländisch* ist die Proklamierung neuer »Religionsedikte«; human wäre die Fahne Friedrichs II., Lessings, Kants und Goethes.

Wenn Dein »*freies* Vaterland« existiert, und Du dringst ja so sehr auf die Existenz, wie kannst Du für *diese* Freiheit patriotisch sein? Wenn Du aber nur für das künftige, einmal zu befreiende Vaterland patriotisch bist, so wärst Du ja für das ganze Programm des Humanismus, was also schreibst Du gegen mich, der ich es proklamiere? – Patriot, Liebhaber des zukünftigen Vaterlandes, mache ein Lied »an die zukünftige Geliebte«, wie Klopstock, als er keine hatte, aber sage nicht, dass Du verliebt bist, Du willst es erst werden.

Das Vaterland *fehlt uns;* darüber klag' ich mit Dir. Dagegen »die patriotische Partei« ist *vorhanden;* sie ist vorhanden in Arndt, Jahn, Görres, Menzel, Kolb, Bülau,[13] eini-

13 Alle genannten Personen waren im Franzosenhass geeint und propagierten die »tiefe deutsche Kultur« (Deutschtum) gegen die »oberflächliche französische Zivilisation«.

gen Hochgestellten und vielen Freiwilligen von 1813 und 1815. Patrioten ohne Patria!

Eine *neue* patriotische Partei wirst Du nicht gründen.

Jede neue Partei, die jetzt existieren will, muss die *humanen* Freiheitsformen im Staat, in der Presse, in Kunst und Wissenschaft, im Kultus und im Gericht auf ihre Fahnen schreiben, und in Deutschland, nicht im Allgemeinen Deutschland, sondern die bestimmten Reformen in den wirklichen Staaten, wodurch freie Männer geschaffen werden, wollen und ausführen. Jede Partei, die dies nicht tut, fällt auf die Seite der *alten* »patriotischen Partei«, die dies unterlassen hat.

Das allgemeine Gerede von Deutschland und seiner Herrlichkeit ist hinderlich; die Einsicht hingegen, dass jene Reformen, die bei fremden Völkern realisiert sind, jedes Menschen Erbteil und Eigentum seien, ist förderlich. Das Wort »Deutschland« bedeutet jetzt nichts anderes als die Abwesenheit der humanen Staats- und Geistesformen, die wir oben aufgezählt. Das Wort »*menschliche* Freiheit« hingegen bedeutet in allen Punkten, dass wir, wie jeder Mensch, welche Sprache er auch spricht, jene Formen nicht entbehren können, und wo die Anfänge dazu vorhanden sind, sie möglichst rationell ausbilden müssen.

Und über dieses einfache, aber gerade jetzt unendlich wichtige Dilemma gerate ich mit Dir in Streit? Du, ein Freund der Griechen, trittst auf die Seite des Naturwuchses, die Menschen sind Dir »die Nervenenden der Erde«, Du lässt Dich einschreiben bei »der patriotischen Partei« und lehnst Dich auf gegen die Humanität, das Einzige, wodurch die Griechen Griechen sind?

Das Prinzip trennt, täusche Dich darüber nicht! Ist es Dir Ernst mit dem »patriotischen Naturwuchs« und der ganz aparten »deutschen« Freiheit, so gratulier' ich unseren Gegnern zur Acquisition Deiner Feder, nicht aber Deiner Feder zur neuen Farbe; und so schmerzlich mir es ist, ich wiederhol' es, »würden alle meine Freunde aus freien Männern verstockte Patrioten, so müsst' ich mir ihren Verlust gefallen lassen. Das Prinzip kann man auch seinen Freunden nicht opfern; wer es opfert, wurde nie von ihm geleitet. Was ist es anderes als das Herz, die Seele, das Ich, der ursprüngliche sich selbst bewegende Punkt der Entwickelung? – Der Patriotismus ist die Seele von 1813. Auch die Seele unserer Partei sucht es dahin zu bringen, die ganze Nation zu bewegen; wenn ihr dieser Gegenstoß gelungen ist, so werden wir »Patrioten«, aber Patrioten der Humanität und eines neuen Völkerrechtes, des Rechtes der humanisierten freien Völker.

Die Auflösung des Patriotismus in Humanismus ist weiter nichts als die Auflösung des Dialektes in die Kultursprache. Ein gebildeter Berliner spricht schön, der Berliner Dialekt ist abscheulich. Der gebildete Berliner verliert den Charakter der Gasse, aber er verliert den Charakter nicht, wenn er die Schriftsprache rein und ohne hörbaren Dialekt spricht, im Gegenteil, er zeichnet sich dadurch sehr eigentümlich vor den Millionen aus, die es zu dieser Bildung nicht bringen können.

Nicht der Untergang der Dialekte, die Zähigkeit der lokalen Misstöne und habituellen Rohheiten, das ist das Unangenehme, das Verderben der wahren Erscheinung, der Schönheit. In der Politik ist es nicht anders. Die nationale Zähigkeit braucht nicht gepflegt zu werden. Unkraut verdirbt nicht, so kalt auch der Winter ist. Aber der Stolz unserer vorgeschrittenen Zeit, die einzige Entschuldigung, wenn wir dem Altertum ins Gesicht sehen müssen, ist, dass ein menschliches Prinzip alle Kulturvölker in einen großen Bund vereinigt hat.

Die Auflösung des Patriotismus in Humanismus ist die Freiheitsfrage der neuesten Geschichte. Sie ist es nicht nur bei den Philanthropen, Sozialisten, Republikanern. Sie ist es auch in der großen Politik. Alle wirkliche Politik ist schon jetzt Kosmopolitik. Sie ist es in England, in Russland, in Frankreich; sie war es in der heiligen Allianz. (…)

Nun löst die heilige Allianz durch den Bruch der Verträge mitten im Frieden, den die einseitige Aufhebung Krakaus offenbar gemacht, das Völkerrecht von 1815 selber auf; die Engländer und Franzosen stehen ihr gegenüber und haben mit lauter Stimme gegen diese Verletzung des allgemeinen Rechtes in Europa protestiert.

Wir sprechen hier nicht von der Gefahr, den Codex der Menschheit, den die großen Friedensschlüsse sanktionieren, willkürlich aufzuheben. Uns interessiert nicht der gefährdete Angreifer auf das Gesetz, sondern die Wiederherstellung des Völkerrechtes, *du concert des nations.* Eine Neubildung steht ihm bevor. Die Völker müssen sich wieder in einem Prinzip und in einer bestimmten Fassung desselben vereinigen; aber es ist keine zweite heilige, es ist nur noch eine humane Allianz möglich. Das anerkannte Prinzip der menschlichen Freiheit und nur dieses, nicht das Bekenntnis der christlichen Dogmen und die Verkennung der ethischen Wahrheit, die das Christentum enthält, vermag von jetzt an den Kongress der Völker zu konstituieren.

Die Patrioten vergessen die inneren Freiheitsgesetze über dem Namen des *ganzen* Volks, und die Freiheitsgesetze der ethischen Welt über ihr *einzelnes* Volk.

Übrigens macht kein Prinzip an der Grenze der Völker Halt, selbst das patriotische nicht, denn es verfolgt ja den Feind in sein Land hinein; und die verkörperten Prinzipien, die Parteien, haben immer die Völker durchdrungen; Hippias war bei dem Perserkönig, die Emigranten bei dem Herzog von Braunschweig, die Royalisten bei dem alten Blücher, Gustav Adolph für die Deutschen, Cromwell für die französischen Protestanten, Lafayette für die amerikanische Freiheit, Thomas Payne und Clootz im französischen Convent und ein Korse der Bravo des 18. Brumaire in St. Cloud. Am allerwenigsten kann die Freiheit sich Grenzen setzen, solange noch eine menschliche Seele nicht gewonnen ist.

Darum ist das Christentum wohltätig geworden, weil es die Völkerfamilie, das Völkerrecht und den konstituierten Weltfrieden möglich gemacht hat. Das Christentum ist eine Form des Humanismus, die religiöse. Die Freiheit ist eine andere, die politische.

Gegen diese neue Form des Humanismus, die allerdings auf einen Universalstaat, in dem alle Völker nur Provinzen sind, ausgehen muss, opponierte sich in den Koalitionen der Zorn der rohen Volksgeister Europas und siegte über den Verräter der Freiheit, über Napoleon, er siegte im Namen des »*Völker*rechts«. Vortrefflich! Aber die Völker legten zu viel Gewicht auf ihre anonyme, unsägliche Individualität, auf ihr Volkstum, auf ihre Natur, auf den rohen Dialekt, auf die aparte Sitte, auf die alte Krankheit ihrer angestammten Gesetze; sie vergaßen die Freiheit, ihre gemeinsame Aufgabe, sie versäumten die politischen Formen, die den Menschen erst sein wahres Wesen erreichen lassen.

Es gibt seitdem nach den beiden Prinzipien der »Naturwüchsigkeit« und der »Freiheit« zwei große Parteien. Diese kämpfen in allen europäischen Kulturstaaten miteinander und werden zuletzt durch einen großen ernsten Prinzipienkampf das neue Völkerrecht des politischen Humanismus gründen. Das Völkerrecht von 1815 ist »die heilige Allianz«. Deutlicher konnte man den alten Humanismus, durch den die aufgehetzten Volksgeister wieder versöhnt werden mussten, nicht aussprechen.

Der Form nach tat auch »die heilige Allianz«, was dem Rat der Völker zukommt, sie ordnete die europäischen Verhältnisse; aber sie ordnete sie nicht im Sinne der Freiheit, sondern als ihre Gegnerin. Es ist klar, dass erst der Kongress aller Kulturvölker der Erde, von dem freien Inhalt ausgefüllt, der richtige wäre. Und diese Erscheinung ist nicht unmöglich, vortrefflichster Naturfreund, ja, sie ist schon jetzt als unvermeidlich anzusehen (...).

Nicht also die Aufgabe des *Humanismus*, in allen Verhältnissen dem Menschen zu seinem Recht zu verhelfen, ist eine unmögliche; wohl aber ist es die des *Patriotismus*, auf ein Volk den Akzent zu legen, durch die gleiche Religion und Kultur der Völker Europas schon längst geworden. Selbst die Empörung der Völker gegen die »große Nation« hatte darin Recht, dass sie diese Unmöglichkeit bewies, und die vereinigten Völker wären eine Erscheinung des wahren Prinzips, der *Menschheit*, gegen das falsche, der *ausschließlichen Nationalität*, gewesen, hätten die vereinigten Völker die Freiheit und Bildung gehabt, welche dem wahren Menschen zukommt.

Aus ihrem *lignum* wurde kein *mercurius*. Das *Allgemeine,* von dem jede ethische Realität (der Mensch, die Familie, die Gemeinde, der Staat) ihren Wert empfängt, ist *die Humanität, ein anderer Name für Vernunft und Freiheit.*

Die Nationalität hat diese Bedeutung nicht; sie ist im Gegenteil der Unterschied der Nationen und der nationalen Menschen. Die Nation also erhebt sich zur Würde einer wahren ethischen Existenz nur, wenn sie ein humaner, ein freier, vernünftig geordneter Staat von freien Menschen ist. Die Nationalität der freien Nation ist Humanität, wie der Dialekt des gebildeten Berliners reine Schrift- oder Kultursprache ist, und wie selbst die *lingua toscana in bocca romana* nichts Anderes als diese Reinigung bedeutet.

Ich komme jetzt zu Dir zurück, mein naturwüchsiger Philosoph. Du bist ein großer Übeltäter, der Du die Verwirrung Deiner unklaren Tiraden in diese Bestimmungen hineinträgst, die Jedermann durchschauen muss, der als Politiker auftritt.

Wenn ein Mann wie Menzel oder sonst einer der vielen altdeutschen Überreste für den Geist der Freiheitskriege und die durch ihn gesicherte Reaktionsperiode schreibt; so antwortet man dieser Vergangenheit und ihren Perücken mit Verachtung, dreht ihnen den Rücken und schaut hinaus in die neue Periode nach den frischen Locken ihrer Simsons. Wenn aber ein junger Mann, dessen Name einen guten Klang in der befreienden Literatur hat, seine Feder in die alte Lauge des »Naturwuchses« taucht und die Baum-, Fluss-, Felsen- und Landkartenpolitik, die uns seit 30 Jahren zum Narren hat, in einer neuen Schwulstrede wiederholt, so würde es zweckmäßig sein, den Sirenengesang des jungen Feindes auf die Noten der Philosophie zu setzen, auch wenn er weniger herausfordernd gesungen wäre als der Deinige; und ich hoffe, Du sollst mit der Deutlichkeit und auch, wenn Du willst, mit der Kunstmäßigkeit meiner Antwort zufrieden sein.

Mein Dilemma war: Wer ist *noch* patriotisch? Die Reaktion. Wer ist es *nicht mehr?* Die Freiheit. Du schreibst gegen mich, aber Du wiederholst nicht meine Frage. Du fragst nicht, wie ich, kann man jetzt noch patriotisch sein oder muss nicht vielmehr Jeder, der frei sein will, allen Patriotismus so lange ablegen, bis er Ursache hat, ihn zu fassen, nämlich bis er den freien Staat gegen die Barbaren verteidigt, wie ich denn auch den »humanen Patriotismus« der französischen Republik gerechtfertigt fand. Ich sagte mit einem Wort: »Der Patriotismus ist das Selbstgefühl der Republik, Vaterlandsliebe das Heimatgefühl der Naturvölker.«

Es ist also doch klar, dass ich nicht den *ehrlichen* Patriotismus, zu dem man durch die Lage des Staats genötigt ist, sondern den verrückten und den verruchten Patriotismus, den man für jeden Staat und den man gegen die Freiheit haben will, den erheuchelten und den unbegründeten, angreife, wobei es sich von selbst versteht, dass mit dem Sieg des Humanismus aller Grund zum kriegerischen Patriotismus wegfällt und mit der inneren Konstituierung des menschlichen freien Gemeinwesens nur ein Gefühl der Gesundheit oder der ungestörten Lebensbewegung übrig bleibt, auf welches man kein Gewicht legt, wenn man nicht krank ist, das aber darum nicht minder das höchste Gut ist.

So lautet meine Frage, sie lautet in meiner Abhandlung *über* den Patriotismus und *gegen* den inhumanen Patriotismus wörtlich so; und meiner Antwort auszuweichen, ist nur möglich durch die Aufstellung einer ganz neuen Frage, die freilich so einfältig ist, dass sie kein Mensch jemals getan hat, der seine fünf Sinne beisammenhält, am allerwenigsten ich.

Du fragst: Vaterland? oder Freiheit? und Du antwortest: »das *freie Vaterland*« und »die *patriotische Partei*«.

Du hast Dir nicht überlegt, dass »mein Vaterland mein Staat« heißt. Die Fiktion von einer reinen Stamm- und Sprachgenossenschaft, von einem Zustand vor der Zeit, wo mehr oder minder rationelle Staaten die ganze Erde in Besitz nahmen, wäre viele tausend Jahre zu spät. Wenn ich in England »mein Vaterland« verliere, kann ich es in Nordamerika wieder gewinnen, seitdem nämlich Nordamerika ein Staat ist. Du siehst, nur der Sklave hat kein Vaterland, und der Staat ist natürlich entweder die Freiheit oder er ist kein Staat, sondern eine Pflanzung, ein Besitztum. Die verschiedenen Pflanzer oder Guts- und Sklavenherren bilden dann aber immer wieder einen Staat. Sie haben ein *Vaterland*, nicht ihre Sklaven. Vaterland? oder Freiheit? Konntest Du also wohl fragen, denn Du hast es getan. Ich aber nicht, denn mit Deiner und aller teutonischen Geographen Erlaubnis, es ist Unsinn: Vaterland ist Staat und Staat ist Freiheit oder er ist kein Staat. (…) Mit dem Unsinn, den Du mir aufbürdest, als wollte ich eine Freiheit ohne Vaterland gründen, ziehst Du nun gegen mich aus, und obgleich ich Dir durchaus nicht widerspreche, wenn Du Deine Frage absurd findest, so muss ich doch dafür herhalten. Du ziehst die ganze Rüstung der naturwüchsigen und deutschtollen Harlekinade an und reitest die revolutionsfresserische Rosinante der Reaktion. Du beginnst mit der gewöhnlichen Ironie gegen die Jakobiner folgendermaßen:

»Hebert hat gesprochen, der Convent hat abgestimmt; *il n'y a plus de dieu!* Das Vaterland existiert nicht mehr! Nationalgefühl, wie borniert! Patriotismus? Welch ein zurückgebliebener Standpunkt!«

Ja wohl, wie borniert! Und mehr als zurückgeblieben, zurückgekommen und heruntergekommen! (...) der Patriotismus, den Du sehr gewählt einen »Standpunkt« nennst, wenn er dem deutschen Staate, der nicht mehr vorhanden ist, gilt, so ist er freilich zurückgeblieben, ein Phlegma, kein Spiritus; gilt er aber dem kommenden Staat, so warne ich Dich, mit diesem Spiritus in Deutschland nicht unvorsichtig umzugehen. Als Redensart ist er eine Gaukelei, als Ernst ist er ein dreißigfacher Hochverrat.

Allerdings in der Flut des törichten Nationalismus mitschwimmen, heißt für den Augenblick, wie es scheint, einem großen Publikum seinen Willen tun, und wenn man nichts wünscht als »die Sympathien dieses Publikums«, so ist es vielleicht praktisch. Gutzkow schrieb einmal an Heine:

»Die Welt wird wieder moralisch, hören Sie auf frivol zu sein!«Und zu dieser Politik wäre Robert Eduard Prutz avanciert? Ich achte Heine höher, der nicht aufhörte, er selbst zu sein, aber »in dem Publikum seinen Meister verehrte.« Ich halt' es aber auch nicht einmal für praktisch. Wer die Welt für seine Idee gewinnen will, kann leicht von ihr dafür gekreuzigt werden; wer aber nichts will, als was auch ohne ihn die Welt schon will, der will etwas völlig überflüssiges, und eine mir unbekannte Logik gehört dazu, das Gelingen eines schon Gelungenen, das Tun einer schon vollbrachten Tat, das Töten eines Toten »praktisch« zu finden; ich nenne es überflüssig.

Nein, lieber Freund, ich verstehe Dich nicht. Deinen Schreck über die Humanisierung aller Nationen, die ich verlange und die Du mir schließlich zugibst, und Dein Bedauern über meine Beleidigung des »Meister Publikum« verstehe ich ebenso wenig, als ich jenen Regierungsrat verstehe, der einmal sagte: »Der Ruge ist doch verrückt, er will einen Staat ohne Pöbel, ohne Priester und ohne Soldaten!«

Du deklamierst S. 71 Deines Aufsatzes: »Vaterland? oder Freiheit?« so: »Das Volk weiß mehr vom Vaterland, von dem es sich umgeben fühlt, das zu ihm spricht im Rauschen seiner Bäume, im Duft seines Weines, im geheiligten Laut seiner Sprache, in tausend und aber tausend Erinnerungen und Denkmalen als von der Freiheit(!), von der es nicht weiß, wo sie wohnt, deren Zauber es nie empfunden hat, die ihm keine Gestalt, kein Bild, keine Anschauung gewährt, und wenn Du ihm sagen wolltest, dass sie krapp-rote Hosen(!) trägt.«

Poesie! Aber wahrlich keine unsterbliche und auch keine politische! Vielmehr die vollkommenste Abstraktion von der ganzen Sphäre der Politik, von der ganzen ethischen Welt. Man glaubt einen Höhlenbären philosophieren zu können! Ich sage Dir, *die Freiheit kennt Jeder.* Das Kind, das seine Mutter kennt, der Knabe, der mit seinen Freunden und Feinden lebt, der junge Mensch, der in die menschliche Welt geht, statt in dem romantisch rauschenden Walde sich zu verirren, fühlt sich in der Freiheit und fühlt gleich, wo ihn eine freie Gesellschaft und wo ihn eine tyrannische »umgibt«, denn nicht die Gegend umgibt den Menschen, sondern die anderen Menschen sind seine Umgebung, mit ihnen geht er um und sie mit ihm. Und Du behauptest: »Das Volk weiß nichts von der Freiheit«? Welch' eine abstrakte Blasphemie:

Es lebt immer in irgendeiner, wenn es anders ein Volk ist, ja, selbst der Sklave und der Gefangene, der gewiss nicht zu viel von der Freiheit hat, weiß von ihr und wie lebendig! Wenn aber ein Volk wirklich nichts von der Freiheit wüsste, so lernt es sie kennen durch klarere Köpfe als Du einer bist, und verlass Dich darauf, es wird »das Rauschen seiner Bäume« verachten, das von dem Geklirr seiner Ketten unterbrochen war. Der Freiheit ein Vaterland zu erobern, das hat noch jedes Volk verstanden, das ein Volk war.

Und nun noch einmal, der Freie ist nicht des freien Feind, freie Völker sind auch vom Nationalhass frei. Ist aber das Selbstgefühl eines Volkes positiv, so ist es das Gefühl der freien politischen Bewegung, und dies ist notwendig politische Parteibewegung und geregelte Parteibewegung, weil die Prinzipien sich in Parteien verkörpern müssen. Das Vaterland ist das Vaterland der Freiheit, der freie Staat. Die erste Partei, die für ihn auftritt, wird das Recht haben, sich eine patriotische im positiven Sinne zu nennen. Gegen diese wurde nicht geredet, wenn der Nationalität die Humanität entgegen- und zum Zweck gesetzt wurde. So aber wird es ewig bleiben; kein Gott kann es ändern und kein Poet.

Lieber Prutz, in der Politik wird auf die Prinzipien die Probe gemacht, sie ist für Niemand gefährlicher als für den Naturalisten, darum bekehre Dich zu den Penaten der Philosophie. Nur so kann es Dir auch gelingen, was Rechtes zu dichten. Schiller verstand den Kant, Goethen befreite Spinoza. Auf Wiedersehen also nicht in den germanischen Wäldern, sondern im Feldlager der deutschen Philosophie!

BRIEFWECHSEL KARL MARX – ARNOLD RUGE
(MÄRZ BIS MAI 1843)

Karl Marx an Arnold Ruge   *März 1843*

Ich reise jetzt in Holland. So viel ich aus den hiesigen und französischen Zeitungen sehe, ist Deutschland tief in den Dreck hineingeritten und wird es noch immer mehr. Ich versichere Sie, wenn man auch nichts weniger als Nationalstolz fühlt, so fühlt man doch Nationalscham, sogar in Holland. Der kleinste Holländer ist noch ein Staatsbürger gegen den größten Deutschen. Und die Urteile der Ausländer über die preußische Regierung! Es herrscht eine erschreckende Übereinstimmung, niemand täuscht sich mehr über dies System und seine einfache Natur. Etwas hat also doch die neue Schule genützt. Der Prunkmantel des Liberalismus ist gefallen und der widerwärtigste Despotismus steht in seiner ganzen Nacktheit vor aller Welt Augen.

Das ist auch eine Offenbarung, wenngleich eine umgekehrte. Es ist eine Wahrheit, die uns zum wenigsten die Hohlheit unseres Patriotismus, die Unnatur unseres Staatswesens kennen und unser Angesicht verhüllen lehrt. Sie sehen mich lächelnd an und fragen, was ist damit gewonnen? Aus Scham macht man keine Revolution. Ich antworte:

Die Scham ist schon eine Revolution; sie ist wirklich der Sieg der französischen Revolution über den deutschen Patriotismus, durch den sie 1813 besiegt wurde. Scham ist eine Art Zorn, der in sich gekehrte. Und wenn eine ganze Nation sich wirklich schämte, so wäre sie der Löwe, der sich zum Sprung in sich zurückzieht.

Ich gebe zu, sogar die Scham ist in Deutschland noch nicht vorhanden; im Gegenteil, diese Elenden sind noch Patrioten. Welches System sollte ihnen aber den Patriotismus austreiben, wenn nicht dieses lächerliche des neuen Ritters? (...). Und selbst, wenn man diese Komödie lange Zeit nicht für das halten sollte, was sie ist, so wäre sie doch schon eine Revolution. Der Staat ist ein zu ernstes Ding, um zu einer Harlekinade gemacht zu werden. Man könnte vielleicht ein Schiff voll Narren eine gute Weile vor dem Winde treiben lassen; aber seinem Schicksal trieb' es entgegen eben darum, weil die Narren dies nicht glaubten. Dieses Schicksal ist die Revolution, die uns bevorsteht.

Ruge an Marx   *Berlin, im März 1843*
»Es ist ein hartes Wort und dennoch sag' ich's, weil es Wahrheit ist: Ich kann kein Volk mir denken, das zerrissener wäre wie die Deutschen. Handwerker siehst du, aber keine Menschen, Denker, aber keine Menschen, Herren und Knechte, Jungen und gesetzte Leute, aber keine Menschen. – Ist das nicht ein Schlachtfeld, wo Hände und Arme und alle Glieder zerstückelt untereinander liegen, indes das vergessene Lebensblut im Sand zerrinnt?« Hölderlin im Hyperion. – Dies das Motto meiner Stimmung, und leider ist sie nicht neu; derselbe Gegenstand wirkt von Zeit zu Zeit ähnlich auf

die Menschen. Ihr Brief ist eine Illusion. Ihr Mut entmutigt mich nur noch mehr.

Wir werden eine politische Revolution erleben? *Wir*, die Zeitgenossen dieser Deutschen? Mein Freund, Sie glauben, was Sie wünschen. O, ich kenne das! Es ist sehr süß, zu hoffen, und sehr bitter, alle Täuschungen abzutun. Es gehört mehr Mut zur Verzweiflung als zur Hoffnung. Aber es ist der Mut der Vernunft, und wir sind auf dem Punkt angekommen, wo wir uns nicht mehr täuschen dürfen. Was erleben wir in diesem Augenblick? Eine zweite Auflage der Karlsbader Beschlüsse, eine durch das Weglassen der versprochenen Pressefreiheit vermehrte und durch das Versprechen der Zensur verbesserte, – ein zweites Misslingen der politischen Freiheitsversuche, und diesmal ohne Leipzig und Bellealliance, ohne Anstrengungen, von denen auszuruhen wir Ursache hätten. Jetzt ruhen wir aus vom Ausruhen; und zur Ruhe bringt uns die einfache Wiederholung der alten despotischen Maxime, das Abschreiben ihrer Urkunden. Wir fallen aus einer Schmach in die andere.

Ich habe vollkommen dasselbe Gefühl des Drucks und der Entwürdigung wie zur Zeit der Napoleonischen Eroberung, wenn Russland der deutschen Presse eine strengere Zensur verordnet; und wenn Sie darin einen Trost finden, dass wir jetzt dieselbe Offenherzigkeit wie damals genießen, so tröstet mich das durchaus nicht. Als Napoleon in Erfurt zu den deutschen Gratulanten, die ihn mit *notre prince* anredeten, sagte: *je ne suis pas votre prince, je suis votre maitre*[14], wurde er mit rauschendem Beifall aufgenommen. Und hätte

14 Ich bin nicht dein Prinz, ich bin dein Meister.

ihm der russische Schnee nicht darauf geantwortet, die deutsche Entrüstung schliefe noch. Sagen Sie mir nicht, dieses unverschämte Wort sei blutig gerächt worden, reden Sie mir nicht ein, die zufällige Rache wäre notwendig erfolgt, alle Völker seien abgefallen von dem nackten und bloßen Despotismus, sobald er sich ganz enthüllt hätte. Ich will ein Volk sehen, das ohne alle andere Völker seine Schmach fühlt; ich nenne Revolution die Umkehr aller Herzen und die Erhebung aller Hände für die Ehre des freien Menschen, für den freien Staat, der keinem Herrn gehört, sondern das öffentliche Wesen selbst ist, das nur sich angehört. Soweit bringen es die Deutschen nie. Sie sind längst historisch zu Grunde gegangen. Dass sie überall mit zu Felde gelegen, beweist nichts. Es wird den eroberten und beherrschten Völkern nicht erspart, sich zu schlagen, aber sie sind nur Gladiatoren, die sich für einen fremden Zweck schlagen und, wenn ihre Herren den Daumen niederdrücken, sich erwürgen. »Seht, wie das Volk sich für uns schlägt!« sagte 1813 der König von Preußen. Deutschland ist nicht der überlebende Erbe, sondern die anzutretende Erbschaft. Die Deutschen zählen nie nach kämpfenden Parteien, sondern nach der Seelenzahl, die dort zu verkaufen ist.

Sie sagen, die liberale Heuchelei ist entlarvt. Es ist wahr, es ist sogar noch mehr geschehen. Die Menschen fühlen sich verstimmt und beleidigt, man hört Freunde und Bekannte untereinander räsonieren, überall redet man hier von dem Schicksal der Stuarts, und wer sich fürchtet, unvorsichtige Worte zu sagen, der schüttelt wenigstens den Kopf, um anzuzeigen, dass eine gewisse Bewegung in ihm vorgeht. Aber alles redet und redet nur: Ist auch nur Einer da, der seinem

Unwillen zutraute, dass er allgemein sei? Ist ein Einziger so töricht, unsere Spießbürger und ihre unvergängliche Schafsgeduld zu verkennen? – Fünfzig Jahre nach der französischen Revolution und die Erneuerung aller Unverschämtheiten des alten Despotismus, das haben wir erlebt. Sagen Sie nicht, das neunzehnte Jahrhundert erträgt ihn nicht. Die Deutschen haben dies Problem gelöst. Sie ertragen ihn nicht nur, sie ertragen ihn mit Patriotismus, und wir, die wir darüber erröten, gerade wir wissen, dass sie ihn verdienen. Wer hätte nicht gedacht, dieser schneidende Rückfall vom Reden ins Schweigen, vom Hoffen in die Hoffnungslosigkeit, von einem menschenähnlichen in einen völlig sklavischen Zustand würde alle Lebensgeister aufregen, jeden das Blut zum Herzen treiben und einen allgemeinen Schrei der Entrüstung hervorrufen! Der Deutsche hatte nichts als die Geisterfreiheit, die der Mensch, der einem andern leibeigen ist, immer noch haben kann, und auch diese ist ihm nun entrissen; die deutschen Philosophen waren schon früher Diener der Menschen, sie redeten und schwiegen auf Befehl, Kant hat uns die Dokumente mitgeteilt; aber man duldete die Kühnheit, dass sie in abstracto den Menschen für frei erklärten. Jetzt ist auch diese Freiheit, die sogenannte wissenschaftliche oder prinzipielle, die sich bescheidet, nicht realisiert zu werden, aufgehoben, und es haben sich natürlich Leute genug gefunden, die in Tasso's Glauben predigen:

Glaubt nicht, dass mir
Der Freiheit wilder Trieb den Busen blähe.
Der Mensch ist nicht geboren *frei zu sein.*
Und für die Edlen ist kein schöner Glück,
Als einem Fürsten, den er ehrt, *zu dienen.*

Wollten wir einwenden: und wenn er ihn nicht ehrt? So wiederholen sie: frei zu sein, ist er nicht geboren. Es handelt sich um seinen Begriff, nicht um sein Glück. Ja, Tasso hat recht, ein Mensch, der einem Menschen dient, und den man einen Sklaven nennt, kann sich glücklich fühlen, er kann sich sogar adelig fühlen, die Geschichte und die Türkei beweisen es. Zugegeben also, dass nicht Mensch und freies Wesen, sondern Mensch und Diener ein Begriff ist, so ist die alte Welt gerechtfertigt.

Gegen das Faktum, dass die Menschen zum Dienen geboren und ein Besitztum ihrer angeborenen Herren seien, hatten die Deutschen 25 Jahre nach der Revolution nichts einzuwenden. Im deutschen Bund sind die deutschen Fürsten zusammengetreten, um ihren Privatbesitz von Land und Leuten wieder herzustellen und die »Menschenrechte« wieder abzuschaffen. Das war antifranzösisch, man jauchzte ihnen zu. Nun kommt die Theorie dieses Faktums hinterher, und warum sollte Deutschland sie nicht ohne Unwillen anhören! Warum sich nicht über sein Schicksal mit dem Gedanken trösten, es muss so sein, *der Mensch ist nicht geboren, frei zu sein?*

Und so ist es, dies Geschlecht ist wirklich nicht geboren frei zu sein. Dreißig Jahre, politisch verödet und unter einem so entwürdigenden Druck, dass selbst die Gedanken und die Gefühle der Menschen von der geheimen Polizei der Zensur beaufsichtigt und geregelt wurden, haben Deutschland politisch nichtiger hinterlassen als es je gewesen. Sie sagen, das Narrenschiff, welches ein Spiel von Wind und Wellen ist, wird seinem Schicksal nicht entgehen, und dieses Schicksal ist die Revolution. Aber Sie setzen nicht hinzu, diese Revolution ist die Genesung der Narren, im Gegenteil, ihr Bild führt nur auf den Gedanken des Unterganges. Aber ich gebe Ihnen auch den Untergang nicht zu, der noch erst zu erwarten wäre. Physisch geht dies brauchbare Volk nicht unter, und geistig oder mit seiner Existenz als freies Volk ist es längst am Ende.

Wenn ich Deutschland nach seiner bisherigen und nach seiner gegenwärtigen Geschichte beurteile; so werden Sie mir nicht einwerfen, seine ganze Geschichte sei verfälscht und seine ganze jetzige Öffentlichkeit stelle nicht den eigentlichen Zustand des Volkes dar. Lesen Sie die Zeitungen, welche Sie wollen, überzeugen Sie sich, dass man nicht aufhört – und Sie werden zugeben, dass die Zensur niemanden hindert aufzuhören –, die Freiheit und das Nationalglück zu loben, welches wir besitzen; und dann sagen Sie einem Engländer, einem Franzosen oder auch nur einem Holländer, dass dies nicht unsere Sache und unser Charakter wäre.

Der deutsche Geist, soweit er zum Vorschein kommt, ist niederträchtig, und ich trage kein Bedenken zu behaupten, wenn er nicht anders zum Vorschein kommt, so ist dies lediglich die Schuld seiner niederträchtigen Natur. Oder wollen Sie seine Privatexistenz, seine stillen Verdienste, seine ungedruckten Tischgespräche, seine Faust in der Tasche so hoch anschlagen, dass ihm die Schmach seiner gegenwärtigen Erscheinung durch die Ehre seiner Zukunft noch einmal abgewaschen werden könnte? O, diese deutsche Zukunft! Wo ist ihr Same gesät? Etwa in der schmachvollen Geschichte, die wir bisher durchlebt? Oder in der Verzweiflung derer, die von Freiheit und geschichtlichen Ehren einen Begriff haben? Oder gar in dem Hohn, den fremde Völker über uns ausschütten und gerade dann aufs empfindlichste uns zu fühlen geben, wenn sie es am besten mit uns meinen? Denn den Grad politischer Fühllosigkeit und Verkommenheit, zu dem wir wirklich herabgesunken sind, können jene sich gar nicht vorstellen. Lesen Sie nur die Times über die Unterdrückung der Presse in Preußen. Lesen Sie, wie freie Männer reden, lesen Sie, wie viel Selbstgefühl sie uns noch zutrauen, uns, die wir gar keins besitzen, und bedauern Sie Preußen, bedauern Sie Deutschland. Ich weiß, dass ich dazu gehöre; glauben Sie nicht, dass ich mich der allgemeinen Schmach entziehen will. Werfen Sie mir vor, dass ich es nicht besser mache als die andern, fordern Sie mich auf, mit dem neuen Prinzip eine neue Zeit heraufzuführen und ein Schriftsteller zu sein, dem ein freies Jahrhundert folgt, sagen Sie mir jede Bitterkeit, ich bin darauf gefasst. Unser Volk hat keine Zukunft, was liegt an unserm Ruf?

Marx an Ruge   *Köln, im Mai 1843*
Ihr Brief, mein teurer Freund, ist eine gute Elegie, ein atemversetzender Grabgesang; aber politisch ist er ganz und gar nicht. Kein Volk verzweifelt, und sollt' es auch lange Zeit nur aus Dummheit hoffen, so erfüllt es sich doch nach vielen Jahren einmal aus plötzlicher Klugheit alle seine frommen Wünsche. Doch, Sie haben mich angesteckt, Ihr Thema ist noch nicht erschöpft, ich will das Finale hinzufügen, und wenn alles zu Ende ist, dann reichen Sie mir die Hand, damit wir von vorne wieder anfangen; lasst die Toten ihre Toten begraben und beklagen. Dagegen ist es beneidenswert, die ersten zu sein, die lebendig ins neue Leben eingehen; dies soll unser Los sein.

Es ist wahr, die alte Welt gehört dem Philister. Aber wir dürfen ihn nicht wie einen Popanz behandeln, von dem man sich ängstlich wegwendet. Wir müssen ihn vielmehr genau ins Auge fassen. Es lohnt sich, diesen Herrn der Welt zu studieren.

Herr der Welt ist er freilich nur, indem er sie, wie die Würmer einen Leichnam, mit seiner Gesellschaft ausfüllt. Die Gesellschaft dieser Herren braucht darum nichts weiter als eine Anzahl Sklaven, und die Eigentümer der Sklaven brauchen nicht frei zu sein. Wenn sie wegen ihres Eigentums an Land und Leuten Herren im eminenten Sinne genannt werden, sind sie darum nicht weniger Philister als ihre Leute.

Menschen, das wären geistige Wesen, freie Männer, Republikaner. Beides wollen die Spießbürger nicht sein. Was bleibt ihnen übrig, zu sein und zu wollen?

Was sie wollen, leben und sich fortpflanzen (und weiter, sagt Goethe, bringt es doch keiner), das will auch das Tier, höchstens würde ein deutscher Politiker noch hinzuzusetzen haben, der Mensch *wisse* aber, dass er es wolle, und der Deutsche sei so besonnen, nichts weiter zu wollen. Das Selbstgefühl des Menschen, die Freiheit, wäre in der Brust dieser Menschen erst wieder zu erwecken. Nur dies Gefühl, welches mit den Griechen aus der Welt und mit dem Christentum in den blauen Dunst des Himmels verschwindet, kann aus der Gesellschaft wieder eine Gemeinschaft der Menschen für ihre höchsten Zwecke, einen demokratischen Staat machen.

Die Menschen dagegen, welche sich nicht als Menschen fühlen, wachsen ihren Herren zu, wie eine Zucht von Sklaven oder Pferden. Die angestammten Herren sind der Zweck dieser ganzen Gesellschaft. Diese Welt gehört ihnen. Sie nehmen sie, wie sie ist und sich fühlt. Sie nehmen sich selbst, wie sie sich vorfinden; und stellen sich hin, wo ihre Füße gewachsen sind, auf die Nacken dieser politischen Tiere, die keine andere Bestimmung kennen, als ihnen »untertan, hold und gewärtig« zu sein.

Die Philisterwelt ist *die politische Tierwelt*, und wenn wir ihre Existenz anerkennen müssen, so bleibt uns nichts übrig, als dem Status quo einfacherweise recht zu geben. Barbarische Jahrhunderte haben ihn erzeugt und ausgebildet, und nun steht er da als ein konsequentes System, dessen Prinzip die *entmenschte Welt* ist. Die vollkommenste Philisterwelt, unser Deutschland, musste also natürlich weit hinter der französischen Revolution, die den Menschen wieder herstellte, zurückbleiben; und der deutsche Aristoteles, der seine Politik aus unseren Zuständen abnehmen wollte, würde an ihre Spitze schreiben: »der Mensch ist ein geselliges, jedoch völlig unpolitisches Tier«, den Staat aber könnte er nicht richtiger erklären, als dies Herr Zoepfl, der Verfasser des »konstitutionellen Staatsrechts in Deutschland,« bereits getan hat. Er ist nach ihm ein »Verein von Familien«, welcher, fahren wir fort, einer allerhöchsten Familie, die man Dynastie nennt, erb- und eigentümlich zugehört. Je fruchtbarer die Familien sich zeigen, desto glücklicher die Leute, desto größer der Staat, desto mächtiger die Dynastie, weswegen denn auch in dem normaldespotischen Preußen auf den siebenten Jungen eine Prämie von 50 Talern gesetzt ist.

Die Deutschen sind so besonnene Realisten, dass alle ihre Wünsche und ihre hochfliegendsten Gedanken nicht über das kahle Leben hinausreichen. Und diese Wirklichkeit, nichts weiter, akzeptieren die, welche sie beherrschen.

Auch diese Leute sind Realisten, sie sind sehr weit von allem Denken und von aller menschlichen Größe entfernt, gewöhnliche Offiziere und Landjunker, aber sie irren sich nicht, sie haben Recht, sie, so wie sie sind, reichen vollkommen aus, dieses Tierreich zu benutzen und zu beherrschen, denn Herrschaft und Benutzung ist ein Begriff, hier wie überall. Und wenn sie sich huldigen lassen und über die wimmelnden Köpfe dieser hirnlosen Wesen hinsehen, was liegt ihnen näher als der Gedanke Napoleons an der Beresina? Man sagt ihm nach, er habe hinuntergewiesen auf das Gewimmel der Ertrinkenden und seinem Begleiter zugerufen: *Voyez ces crapauds!*[15] Diese Nachrede ist wahrscheinlich eine Lüge, aber wahr ist sie nichtsdestoweniger. Der einzige Gedanke des Despotismus ist die Menschenverachtung, der entmenschte Mensch, und dieser Gedanke hat vor vielen anderen den Vorzug, zugleich Tatsache zu sein. Der Despot sieht die Menschen immer entwürdigt. Sie ersaufen vor seinen Augen und für ihn im Schlamm des gemeinen Lebens, aus dem sie auch, gleich den Fröschen, immer wieder hervorgehen. Drängt sich nun selbst Menschen, die großer Zwecke fähig waren, wie Napoleon vor seiner Dynastietollheit, diese Ansicht auf, wie sollte ein ganz gewöhnlicher König in einer solchen Realität Idealist sein?

Das Prinzip der Monarchie überhaupt ist der verachtete, der verächtliche, *der entmenschlichte Mensch;* und Montesquieu[16] hat sehr unrecht, die Ehre dafür aufzugeben. Er hilft

---

15 Seht diese Kröten!
16 Montesquieu, französischer Philosoph und Staatstheoretiker der Aufklärung (ab Ende des 17. bis Ende des 18. Jahrhunderts), gilt auch als Mitbegründer der Geschichtswissenschaft und der Soziologie.

sich mit der Unterscheidung von Monarchie, Despotie und Tyrannei. Aber das sind Namen eines Begriffes, höchstens eine Sittenverschiedenheit bei demselben Prinzip. Wo das monarchische Prinzip in der Majorität ist, da sind die Menschen in der Minorität, wo es nicht bezweifelt wird, da gibt es keine Menschen. Warum soll nun ein Mann, wie der König von Preußen, der keine Proben davon hat, dass er problematisch wäre, nicht lediglich seiner Laune folgen? Und nun er es tut, was kommt dabei heraus? Widersprechende Absichten? Gut, so wird nichts daraus. Ohnmächtige Tendenzen? Sie sind immer noch die einzige politische Wirklichkeit. Blamagen und Verlegenheiten? Es gibt nur eine Blamage und nur eine Verlegenheit, das Heruntersteigen vom Thron. Solange die Laune an ihrem Platz bleibt, hat sie Recht. Sie mag dort so unbeständig, so kopflos, so verächtlich sein, wie sie will; sie ist immer noch gut genug, ein Volk zu regieren, welches nie ein anderes Gesetz gekannt hat als die Willkür seiner Könige. Ich sage nicht, ein kopfloses System und der Verlust der Achtung im Innern und nach Außen werde ohne Folgen bleiben, ich nehme die Assekuranz des Narrenschiffes nicht auf mich; aber ich behaupte, der König von Preußen wird solange ein Mann seiner Zeit sein, als die verkehrte Welt die wirkliche ist.

Sie wissen, ich beschäftige mich viel mit diesem Manne. Schon damals, als er nur noch das Berliner politische Wochenblatt zu seinem Organ hatte, erkannte ich seinen Wert und seine Bestimmung. Er rechtfertigte schon bei der Huldigung in Königsberg meine Vermutung, dass nun die Frage rein persönlich werden würde. Er erklärte sein Herz und sein Gemüt für das künftige Staatsgrundgesetz der

Domäne Preußen, *seines Staates*; und in der Tat, der König ist in Preußen das System. Er ist die einzige politische Person. Seine Persönlichkeit bestimmt das System so oder so. Was er tut, oder was man ihn tun lässt, was er denkt, oder was man ihm in den Mund legt, das ist es, was in Preußen der Staat denkt oder tut. Es ist also wirklich ein Verdienst, dass der jetzige König dies so unumwunden erklärt hat.

Nur darin irrte man sich eine Zeit lang, dass man es für erheblich hielt, welche Wünsche und Gedanken der König nun zum Vorschein brächte. Dies konnte in der Sache nichts ändern, der Philister ist das Material der Monarchie, und der Monarch immer nur der König der Philister; er kann weder sich noch seine Leute zu freien wirklichen Menschen machen, wenn beide Teile bleiben, was sie sind.

Der König von Preußen hat es versucht, mit einer Theorie, die wirklich sein Vater so nicht hatte, das System zu ändern. Das Schicksal dieses Versuches ist bekannt. Er ist vollkommen gescheitert. Ganz natürlich. (...)

Der alte König wollte nichts Extravagantes, er war ein Philister und machte keinen Anspruch auf Geist. Er wusste, dass der Dienerstaat und sein Besitz nur der prosaischen, ruhigen Existenz bedurften. Der junge König war munterer und aufgeweckter, von der Allmacht des Monarchen, der nur durch sein Herz und seinen Verstand beschränkt ist, dachte er viel größer. Der alte verknöcherte Diener- und Sklavenstaat widerte ihn an. Er wollte ihn lebendig machen und ganz und gar mit seinen Wünschen, Gefühlen und Gedanken durchdringen; und er konnte das verlangen, er in *seinem* Staate, wenn es nur gelingen wollte. Daher seine liberalen Reden und Herzensergießungen. Nicht das tote Gesetz, das volle lebendige Herz des Königs sollte alle seine Untertanen regieren. Er wollte alle Herzen und Geister für seine Herzenswünsche und langgenährten Pläne in Bewegung setzen; eine Bewegung ist erfolgt; aber die übrigen Herzen schlugen nicht wie das seinige, und die Beherrschten konnten den Mund nicht auftun, ohne von der Aufhebung der alten Herrschaft zu reden. Die Idealisten, welche die Unverschämtheit haben, den Menschen zum Menschen machen zu wollen, ergriffen das Wort, und während der König altdeutsch fantasierte, meinten sie, neudeutsch philosophieren zu dürfen. Allerdings war dies unerhört in Preußen. Einen Augenblick schien die alte Ordnung der Dinge auf den Kopf gestellt zu sein, ja, die Dinge fingen an, sich in Menschen zu verwandeln, es gab sogar namhafte Menschen, obgleich die Namensnennung auf den Landtagen nicht erlaubt ist; aber die Diener des alten Despotismus machten diesem undeutschen Treiben bald ein Ende. Es war nicht schwer, die Wünsche des Königs, der für eine große Vergangenheit voll Pfaffen, Ritter und Hörige schwärmt, mit den Absichten der Idealisten, welche lediglich die Folgen der französischen Revolution, also zuletzt doch immer Republik und eine Ordnung der freien Menschheit statt der Ordnung der toten Dinge wollen, in fühlbaren Konflikt zu bringen. Als dieser Konflikt schneidend und unbequem genug geworden und der jähzornige König hinlänglich aufgeregt war, da traten die Diener zu ihm, die früher den Gang der Dinge so leicht geleitet hatten und erklärten: Der König täte nicht wohl, seine Untertanen zu unnützen Reden zu verleiten, sie würden das Geschlecht der redenden Menschen nicht regieren können. Auch der Herr aller Hinterrussen war über die Bewegung in den Köpfen

der Vorderrussen unruhig geworden und verlangte Wiederherstellung des alten ruhigen Zustandes. Und es erfolgte eine
neue Auflage der alten Ächtung aller Wünsche und Gedanken der Menschen über menschliche Rechte und Pflichten,
d.h. die Rückkehr zu dem alten verknöcherten Dienerstaat,
in welchem der Sklave schweigend dient, und der Besitzer
des Landes und der Leute lediglich durch eine wohlgezogene,
stillfolgsame Dienerschaft möglichst schweigsam herrscht.
Beide können, was sie wollen, nicht sagen, weder die einen,
dass sie Menschen werden wollen, noch der andere, dass er
keine Menschen in seinem Lande brauchen könne. (…)

Dies ist der verunglückte Versuch, den Philisterstaat auf
seiner eigenen Basis aufzuheben: Er ist dazu ausgeschlagen,
dass er die Notwendigkeit der Brutalität und die Unmöglichkeit der Humanität für den Despotismus aller Welt
anschaulich gemacht hat. Ein brutales Verhältnis kann nur
mit Brutalität aufrechterhalten werden. Und hier bin ich
nun mit unserer gemeinsamen Aufgabe, den Philister und
seinen Staat ins Auge zu fassen, fertig. Sie werden nicht
sagen, ich hielte die Gegenwart zu hoch, und wenn ich dennoch nicht an ihr verzweifle, so ist es nur ihre eigene ver-
zweifelte Lage, die mich mit Hoffnung erfüllt. Ich rede gar
nicht von der Unfähigkeit der Herren und von der Indolenz
der Diener und Untertanen, die alles gehen lassen, wie es
Gott gefällt; und doch reichte beides zusammen schon hin,
um eine Katastrophe herbeizuführen. Ich mache Sie nur
darauf aufmerksam, dass die Feinde des Philistertums, mit
einem Wort, alle denkenden und alle leidenden Menschen,
zu einer Verständigung gelangt sind, wozu ihnen früher
durchaus die Mittel fehlten, und dass selbst das passive Fort-

pflanzungssystem der alten Untertanen jeden Tag Rekruten für den Dienst der neuen Menschheit wirbt. Das System des Erwerbs und Handels, des Besitzes und der Ausbeutung der Menschen führt aber noch viel schneller als die Vermehrung der Bevölkerung zu einem Bruch innerhalb der jetzigen Gesellschaft, den das alte System nicht zu heilen vermag, weil es überhaupt nicht heilt und schafft, sondern nur existiert und genießt. Die Existenz der leidenden Menschheit, die denkt, und der denkenden Menschheit, die unterdrückt wird, muss aber notwendig für die passive und gedankenlos genießende Tierwelt der Philisterei ungenießbar und unverdaulich werden.

Von unserer Seite muss die alte Welt vollkommen ans Tageslicht gezogen und die neue positiv ausgebildet werden. Je länger die Ereignisse der denkenden Menschheit Zeit lassen, sich zu besinnen, und der leidenden, sich zu sammeln, um so vollendeter wird das Produkt in die Welt treten, welches die Gegenwart in ihrem Schoße trägt.

BRIEFWECHSEL
MICHAIL BAKUNIN – ARNOLD RUGE

Bakunin an Ruge   *Mai 1843*

Ihren Brief aus Berlin hat mir unser Freund M.[17] mitgeteilt. Sie scheinen über Deutschland unmutig geworden zu sein. Sie sehen nur die *Familie* und den Philister, der in ihre engen vier Pfähle mit all seinen Gedanken und Wünschen eingepfercht ist, und wollen an den Frühling nicht glauben, der ihn hervorlocken wird. Lieber Freund, verlieren Sie nur den Glauben nicht, nur Sie nicht. Bedenken Sie, ich, der Russe, der Barbar, geb' ihn nicht auf, ich gebe Deutschland nicht auf, und Sie, der Sie mitten in seiner Bewegung stehen, Sie, der Sie die Anfänge derselben erlebt haben und von ihrem Aufschwung überrascht wurden, Sie wollen jetzt dieselben Gedanken zur Ohnmacht verurteilen, denen Sie früher, als ihre Macht noch nicht erprobt war, alles zutrauten? O, ich geb' es zu, es ist noch weit hin bis das deutsche 1789 tagt! Wann wären die Deutschen nicht um Jahrhunderte zurück gewesen? Aber es ist darum jetzt nicht die Zeit die Hände in den Schoß zu legen und feig zu verzweifeln. Wenn Männer

17   »Freund M.« ist Karl Marx.

wie Sie nicht mehr an Deutschlands Zukunft glauben, nicht mehr an ihr arbeiten wollen, wer wird denn glauben, wer handeln? Ich schreibe diesen Brief auf der Rousseau-Insel im Bielersee. Sie wissen, ich lebe nicht von Fantasien und Phrasen; aber es zuckt mir durch Mark und Bein bei dem Gedanken, dass ich gerade heute, wo ich Ihnen und über einen solchen Gegenstand schreibe, an diesen Ort geführt bin. Oh, es ist gewiss, mein Glaube an den Sieg der Menschheit über Pfaffen und Tyrannen ist derselbe Glaube, den der große Verbannte in so viel Millionen Herzen goss, den er auch hierher mit sich genommen. Rousseau und Voltaire, diese Unsterblichen, werden wieder jung; in den begabtesten Köpfen der deutschen Nation feiern sie ihre Auferstehung; eine große Begeisterung für den Humanismus und für den Staat, dessen Prinzip nun endlich wirklich der Mensch ist, ein glühender Hass gegen die Priester und ihre freche Beschmutzung alles menschlich Großen und Wahren durchdringt wieder die Welt. *Die Philosophie wird noch einmal die Rolle spielen, die sie in Frankreich so glorreich durchgeführt;* und es beweist nichts gegen sie, dass ihre Macht und Furchtbarkeit den Gegnern früher klar geworden als ihr selber. Sie ist naiv und erwartet zuerst keinen Kampf und keine Verfolgung, denn sie nimmt alle Menschen als vernünftige Wesen und wendet sich an ihre Vernunft, als wäre diese ihr unumschränkter Gebieter. Es ist ganz in der Ordnung, dass unsere Gegner, welche die Stirn haben zu erklären, wir sind unvernünftig und wollen es bleiben, den praktischen Kampf, den Widerstand gegen die Vernunft durch unvernünftige Maßregeln eröffnen. Dieser Zustand beweist nur die Übermacht der Philosophie, dies Geschrei gegen sie ist schon der Sieg.

(...) Wir leben für Deutschland in dem Zeitalter Rousseau's und Voltaire's und »diejenigen unter uns, welche jung genug sind, um die Früchte unserer Arbeit zu erleben, werden eine große Revolution und eine Zeit sehen, in der es der Mühe lohnt, geboren zu sein.« Wir dürfen auch diese Worte Voltaire's wiederholen, ohne zu befürchten, dass sie das zweite Mal weniger als das erste durch die Geschichte bestätigt würden.

Jetzt sind die Franzosen noch unsere Lehrer. Sie haben in politischer Hinsicht einen Vorsprung von Jahrhunderten. Und was folgt alles daraus! Diese gewaltige Literatur, diese lebendige Poesie und bildende Kunst, diese Durchbildung und Vergeistigung des ganzen Volkes, lauter Verhältnisse, die wir nur von ferne verstehen! Wir müssen nachholen, wir müssen unserem metaphysischen Hochmut, der die Welt nicht warm macht, die Rute geben, wir müssen lernen, wir müssen Tag und Nacht arbeiten, um es dahin zu bringen, wie Menschen mit Menschen zu leben, frei zu sein und frei zu machen, wir müssen – ich komme immer darauf zurück – unsere Zeit mit unseren Gedanken in Besitz nehmen. Dem Denker und Dichter ist es vergönnt, die Zukunft vorwegzunehmen und eine neue Welt der Freiheit und Schönheit mitten in den Wust des Untergangs und des Moders, der uns umgibt, hineinzubauen.

Und Angesichts alles dessen, eingeweiht in das Geheimnis der ewigen Mächte, welche die Zeit aus ihrem Schoß neu gebären, wollen Sie verzweifeln? Verzweifeln Sie an Deutschland, so verzweifeln Sie nicht nur an sich selbst, Sie geben die Macht der Wahrheit auf, der Sie sich gewidmet. Wenig Menschen sind edel genug, sich ganz und ohne Rückhalt dem Wehen und Wirken der befreienden Wahrheit hinzugeben, wenige vermögen diese Bewegung des Herzens und des Kopfes ihren Zeitgenossen mitzuteilen; wem es aber einmal gelang, der Mund der Freiheit zu werden und die Welt mit den Silbertönen ihrer Stimme zu fesseln, der hat eine Bürgschaft für den Sieg seiner Sache, die ein anderer nur durch eine gleiche Arbeit und ein gleiches Gelingen erreichen kann.

Nun geb' ich es zu, wir müssen mit unserer eigenen Vergangenheit brechen. Wir sind geschlagen worden, und wenn es auch nur die rohe Gewalt war, die der Bewegung des Denkens und Dichtens ein Hindernis in den Weg warf, so wäre diese Rohheit selbst unmöglich gewesen, wenn wir nicht ein abgesondertes Leben im Himmel der gelehrten Theorie geführt, wenn wir das Volk auf unserer Seite gehabt hätten. Wir haben seine Sache nicht vor ihm selbst geführt. Anders die Franzosen. Man würde ja auch ihre Befreier unterdrückt haben, wenn man es vermocht hätte.

Ich weiß, Sie lieben die Franzosen, Sie fühlen ihre Überlegenheit. Das ist genug für einen starken Willen in einer so großen Sache, um ihnen nachzueifern und sie zu erreichen. Welch ein Gefühl! Welch' eine namenlose Seligkeit, dieses Streben und diese Macht! Oh, wie beneid' ich Sie um Ihre Arbeit, ja selbst um Ihren Zorn, denn auch dieser ist das Gefühl aller Edlen in Ihrem Volk. Vermöcht' ich es nur, mitzuwirken! Mein Blut und Leben für seine Befreiung! Glauben Sie mir, es wird sich erheben und das Tageslicht der Menschengeschichte erreichen. Es wird nicht immer die Schmach der Germanen, die besten Diener aller Tyrannei zu sein, für seinen Stolz rechnen. Sie werfen ihm vor, es sei nicht frei, es sei nur ein Privatvolk. Sie sagen nur, was es ist; wie wollen Sie damit beweisen, was es sein wird?

War es in Frankreich nicht ganz derselbe Fall, und wie bald ist ganz Frankreich ein öffentliches Wesen und seine Söhne politische Menschen geworden. Wir dürfen die Sache des Volks, auch wenn es selbst sie verließe, nicht aufgeben. Sie fallen von uns ab, diese Philister, sie verfolgen uns; desto treuer werden ihre Kinder unserer Sache sich hingeben. Ihre Väter suchen die Freiheit zu morden, sie werden für die Freiheit in den Tod gehen. Und welch' einen Vorzug haben wir vor den Männern des 18ten Jahrhunderts? Sie sprachen aus einer öden Zeit heraus. Wir haben die ungeheuren Resultate ihrer Ideen lebendig vor Augen, wir können praktisch mit ihnen in Berührung kommen. Gehen wir nach Frankreich, setzen wir den Fuß über den Rhein, und wir stehen mit einem Schlage mitten in den neuen Elementen, die in Deutschland noch gar nicht geboren sind. Die Ausbreitung des politischen Denkens in alle Kreise der Gesellschaft, die Energie des Denkens und Redens, die in den hervorstechenden Köpfen nur darum zum Ausbruch kommt, weil die Wucht eines ganzen Volks in jedem schlagenden Worte empfunden wird – alles das können wir jetzt aus lebendiger Anschauung kennenlernen. Eine Reise nach Frankreich und selbst ein längerer Aufenthalt in Paris würde uns von dem größten Nutzen sein.

Die deutsche Theorie hat diesen Sturz aus allen ihren Himmeln, der ihr jetzt widerfährt, indem rohe Theologen und dumme Landjunker sie wie einen Jagdhund an den Ohren schütteln und ihrem Lauf die Wege weisen, reichlich verdient. Gut für sie, wenn dieser Sturz sie von ihrem Hochmut heilt. Es wird ganz auf sie ankommen, ob sie sich nun aus ihrem Schicksal die Lehre ziehen will, dass sie in einsamer dunkler Höhe verlassen und nur im Herzen des Volks gesichert ist. Wer gewinnt das Volk, wir oder ihr? Das rufen diese obskuren Kastraten den Philosophen zu. O Schande über diese Tatsache! Aber auch Heil und Ehre den Männern, die nun die Sache der Menschheit siegreich hinausführen.

Hier, erst hier beginnt der Kampf, und so stark ist unsere Sache, dass wir wenige zerstreute Männer mit gebundenen Händen durch unseren bloßen Schlachtruf ihre Myriaden in Furcht und Schrecken setzen. Wohlan, es gilt! Und eure Banden will ich lösen, ihr Germanen, die ihr Griechen werden wollt, ich der Seythe. Sendet mir eure Werke! Auf Rousseaus Insel will ich sie drucken und mit feurigen Lettern noch einmal an den Himmel der Geschichte schreiben: Untergang den Persern!

Ruge an Bakunin   *Dresden, im Juni 1843*

Erst jetzt erhalt ich Ihren Brief; aber sein Inhalt veraltet nicht so schnell. Sie haben Recht. Wir Deutsche sind wirklich noch so weit zurück, dass wir nur erst wieder eine menschliche Literatur hervorbringen müssen, um die Welt theoretisch zu gewinnen, damit sie nachher Gedanken hat, nach denen sie handelt. Vielleicht können wir in Frankreich, vielleicht sogar mit den Franzosen eine gemeinsame Publikation unternehmen. Ich will mit unseren Freunden darüber korrespondieren. Übrigens haben Sie sich's mit Unrecht so sehr zu Herzen genommen, dass ich in Berlin verstimmt war. Alle anderen sind desto selbstzufriedener; und ein einziger Wunsch, den sich der erste Berliner, der König, erfüllt, wiegt eine Welt voll Verstimmung auf. Glauben Sie nicht, dass ich diese umfangreichen Wünsche verkenne. Das Christentum

z. E. ist doch sozusagen Alles. Nun ist es wiederhergestellt, der Staat ist christlich, ein wahres Kloster, der König ist sehr christlich, und die königlichen Beamten sind am allerchristlichsten. Ich geb' es zu, diese Leute sind nur fromm, weil sie an einer Knechtschaft nicht genug haben. Sie müssen zu dem irdischen Hofdienst noch einen himmlischen hinzufügen; die Knechtschaft soll nicht nur ihr Amt, sie soll auch ihr Gewissen sein. Und wenn die nordamerikanischen Wilden sich selbst ihre Sünden ausprügeln, so hoff' ich, werden auch wohl die Völker noch einmal dieselbe Prozedur an *diesen Hunden des Himmels* exekutieren. Aber für den Augenblick, wer sollte nicht finden, dass es gut steht im Reiche Gottes? Und ich hätte gewiss an der allgemeinen Herrlichkeit den heitersten Anteil genommen, wenn ich nicht bedacht hätte, dass eine enttäuschte Verstimmung allemal besser ist als eine enttäuschte Selbstzufriedenheit. Sie werden sagen, ich hätte den Eulenspiegel, der schon über den kommenden Berg verstimmt war, mit Nutzen gelesen; die Berliner haben ihn auch gelesen, sie lesen ihn immer, wenn sie ihre Geschichte lesen, aber ohne Nutzen: Und so bleiben sie denn dabei, dass ihre Eulenspiegeleien gute Witze wären. Selbst ihr Christentum interessiert sie nur als ein guter Witz, als eine geniale Wendung. Es ist pikant, sich zu allen Verrücktheiten des Aberglaubens zu bekennen und dabei einen heilen Rock zu tragen; es ist pikant, jetzt sich reden zu hören im Stil des heiligen römischen Reichs mit »Gruß und Handschlag zuvor«, oder in dieser unheiligen Zeit mit dem Datum von irgendeinem heiligen Tag zu unterzeichnen, und da es nicht möglich ist, auch aus den heiligen Orten, etwa von St. Johann im Lateran und vom Vatikan, zu datieren, so ist es wenigstens pikant, die Bulle zur Wiederherstellung der barmherzigen Schwestern oder zur Stiftung der Kapelle des heiligen Adelbert aus dem Schloss des unheiligen Friedrich zu erlassen.

Doch ich will nicht noch einmal die Gefahr laufen, unter Palmen zu wohnen, auch in der Fantasie nicht. Lebewohl, Berlin. Ich lobe mir Dresden, hier ist alles erreicht, hier wird alles genossen, was Preußen mit der ganzen Anstrengung seines offiziellen Witzes nicht wiedergewinnen kann. Die Stände, die Innungen, die alten Gesetze, die Geistlichkeit neben der Weltlichkeit, der katholische Prälat in der Kammer der Reichsräte, die kurzen Hosen und schwarzen Strümpfe auch der lutherischen Geistlichen, die Ehescheidungen mit geistlichem Zuspruch und die Macht des Konsistoriums bei solchen Gelegenheiten, die Sonntagsfeier und 16 Groschen bis 5 Reichstaler Strafe für jeden Sabbathschänder, der grobe Arbeit verrichtet, ein Verein gegen die Tierquälerei aber keiner gegen die Schornsteinfegerei, keiner gegen die Verwahrlosung der Menschen – doch nein, um nicht ungerecht zu sein, so muss man sich erinnern, dass ein ehrlicher Christ, der Ernst mit dem Humanismus machte und die Kinderquälerei der Armen durch ein sehr ingeniöses Mittel teilweise abschaffte, nicht an seiner Unfähigkeit, sondern an der Vortrefflichkeit des bereits Bestehenden gescheitert ist. Sachsen trägt alle Herrlichkeit der Vorzeit verjüngt in seinem Schoße; man studiert es lange nicht genug, dieses Eldorado der alten Juristerei und Theologie, dieses heilige römische Reich en miniature, dessen verschiedene Kreisdirektionen und Amtshauptmannschaften sich bald unabhängig voneinander erklären werden und dessen Universität Leipzig längst unabhängig war von dem eitlen Lauf der geistigen Bildung in dem wüsten, weiten Deutschland, geschweige denn in Europa. Aber ich sage ja nicht, dass die sächsische Nation keine Fortschritte macht. Ich will Ihnen eine Geschichte erzählen. Die Juden sind schlechte Christen, sie nehmen daher keinen Teil an den Freiheiten des übrigen sächsischen Volkes, sie haben keine Ehrenrechte und dürfen dies und das nicht tun, was getaufte Menschen dürfen. Nun war vor diesem die Brühlsche Terrasse der Brühlsche Garten[18]. Er hatte bei der Brücke, wo jetzt die Treppe ist, eine schroffe Mauerwand und war von der anderen Seite geschlossen. Eine Schildwache ließ an vielen Tagen Niemanden hinein, an allen aber keine Juden und keine Hunde. Eines Tages kam eine Generalsfrau mit einem Hund auf dem Arm und wurde von der Schildwache wegen des Hundes zurückgewiesen. Entrüstet beschwerte sich die Frau bei ihrem Manne, dem General, und es erschien ein Parolebefehl, welcher die Instruktion der Schildwachen gegen die Hunde aufhob. Die Hunde gingen nun von Zeit zu Zeit in den Brühlschen Garten; aber die Juden? – Nein, die Juden noch nicht. Nun beschwerten sich die Juden und verlangten, den Hunden gleichgestellt zu sein. Der General war in der größten Verlegenheit. Sollte er seinen Befehl zurückziehen, dessen revolutionäre Konsequenz er nicht geahndet hatte? Seine Frau bestand auf dem Recht ihres Hundes und auch der Hunde ihrer Freundinnen. Die Sache war schon zur Sitte geworden, und die Juden, das sah der General vor Augen, würden furchtbar schreien, wenn man ihnen das Pri-

---

18 Der Brühlsche Garten wurde im 18. Jahrhundert am Dresdener Belvedere für den Grafen Heinrich von Brühl angelegt und 1813 der Öffentlichkeit zugänglich gemacht.

vilegium der Hunde, welches sie doch im ganzen Mittelalter genossen, jetzt im 19ten Jahrhundert nicht zugeständе. Der General entschloss sich also, auf seine Verantwortung auch die Juden in den Brühlschen Garten zu lassen, wenn er nicht wegen Anwesenheit des Hofes geschlossen war. Die Indignation war groß, aber der alte Krieger bot ihr Trotz. Nun kamen die Russen. Der Generalgouverneur Repnin fand 1813 gar keinen Hof vor. Er dachte auch wohl, es käme vielleicht keiner wieder, und machte aus dem Brühlschen Garten die Brühlsche Terrasse mit der großen Treppe und dem freien Zugang, den sie jetzt hat. Dies empörte das Herz aller Normalsachsen; und wären die Russen nicht so viel populärer gewesen als die Preußen, es wäre eine Empörung ausgebrochen. So aber ließ das Volk sich hinreißen, ja, es schoss sogar die herrschaftlichen Fasanen im großen Garten tot und ließ sich's gefallen, dass die Russen auch diesen Spaziergang, der früher den Fasanen reserviert war, den Menschen eröffneten. Einer aber, der normalste von allen Sachsen, ein churfürstlicher Geheimer Rat, der noch lebt, hat den Russen ihre unpassende, alles zerstörende Neuerungssucht nie vergessen. Er erkennt weder die Brühlsche Terrasse noch den großen Garten an. Er geht nie »die russische Treppe« hinauf oder hinab, er kommt immer durch das legitime Pförtchen des ehemaligen »Brühlschen Gartens«, bringt nie einen Hund oder einen Juden mit und geht in der »Fasanerie« nie anders als auf dem Mittelweg, der auch in der alten guten Zeit dem Publikum zu Fuß, außer der Brutzeit der Fasanen, offenstand.

Gewiss ist der konservative Christ vernünftig, und wären alle Deutsche Normalsachsen oder gäb' es keine Russen, die von Zeit zu Zeit kommen, um ihnen ihre Spaziergänge zu eröffnen, oder gäb' es keine Franzosen, die ihnen bei Jena die Zöpfe abschnitten, oder endlich, gäb' es keine Preußen und keine Neuerungssucht in den Köpfen ihrer christlichen und heidnischen Könige – man lebte nirgends ruhiger als in Dresden. So aber sind für unser sächsisches Vaterland bei aller Herrlichkeit von Innen immer noch große Erschütterungen von Außen zu fürchten. – Die Welt ist vollkommen überall./*Wo der Mensch* nicht hinkommt mit seiner Qual.

BRIEF LUDWIG FEUERBACH
AN ARNOLD RUGE

Juni 1843

Die Briefe und literarischen Pläne, die Sie mir mitteilten, haben mir viel zu denken gegeben. Meine Einsamkeit bedarf dergleichen, versäumen Sie nicht, Ihre Sendungen zu wiederholen. Der Untergang der deutschen Jahrbücher erinnert mich an den Untergang Polens. Die Anstrengungen weniger Menschen waren umsonst in dem allgemeinen Sumpf eines verfaulten Volkslebens.

Wir kommen in Deutschland so bald auf keinen grünen Zweig. Es ist Alles in Grund und Boden hinein verdorben, das eine auf diese, das andere jene Weise. Neue Menschen brauchten wir. Aber sie kommen diesmal nicht wie bei der Völkerwanderung aus den Sümpfen und Wäldern, aus unseren Lenden müssen wir sie erzeugen. Und dem neuen Geschlecht muss die neue Welt zugeführt werden in Gedanken und in Gedicht. Alles ist von Grund aus zu erschöpfen. Eine Riesenarbeit vieler vereinten Kräfte. Kein Faden soll am alten Regiment ganz bleiben. Neue Liebe, neues Leben heißt es bei uns. Der Kopf ist nicht immer voraus; er ist das mobilste und schwerfälligste Ding zugleich. Im Kopf entspringt das Neue, aber im Kopf haftet auch am längsten das Alte. Dem Kopf ergeben sich mit Freuden Hände und Füße. Also von allen Dingen den Kopf gesäubert und purgiert. Der Kopf ist ein Theoretiker, ist Philosoph. Er muss nur das herbe Joch der Praxis, in das wir ihn herunterziehen, tragen und menschlich in dieser Welt auf den Schultern tätiger Menschen hausen lernen. Dies ist nur ein Unterschied der Lebensart. Was ist Theorie, was Praxis? Worin besteht ihr Unterschied? Theoretisch ist, was nur noch in meinem Kopf steckt, praktisch, was in vielen Köpfen spukt. Was viele Köpfe eint, macht Masse, macht sich breit und damit Platz in der Welt. Lässt sich ein neues Organ für das neue Prinzip schaffen, so ist das eine Praxis, die nicht versäumt werden darf.

BRIEFWECHSEL KARL MARX – ARNOLD RUGE (AUGUST/SEPTEMBER 1843)

Ruge an Marx   *Paris, im August 1843*

Es ist wahr; Polen ist untergegangen, aber noch ist Polen nicht verloren, so klingt es fortdauernd aus den Ruinen hervor (...). »Neue Lehre, neues Leben.« Ja! Wie Polen der katholische Glaube und die adelige Freiheit nicht rettet, so konnte uns die theologische Philosophie und die vornehme Wissenschaft nicht befreien. Wir können unsere Vergangenheit nicht anders fortführen als durch den entschiedensten Bruch mit ihr. Die Jahrbücher sind untergegangen, die hegelsche Philosophie hört der Vergangenheit an. Wir wollen hier in Paris ein Organ gründen, in dem wir uns selbst und ganz Deutschland völlig frei und mit unerbittlicher Aufrichtigkeit beurteilen. Nur das ist eine wirkliche Verjüngung, es ist ein neues Prinzip, eine neue Stellung, eine Befreiung von dem engherzigen Wesen des Nationalismus und ein scharfer Gegenstoß gegen die brutale Reaktion der wüsten Volksungetüme, welche mit dem Tyrannen Napoleon auch den Humanismus der Revolution verschlangen. Philosophie und nationale Beschränktheit, wie war es möglich auch nur im Namen und im Titel eines Journals beide zusammenzu-

bringen? Noch einmal, der deutsche Bund hat die Wiederherstellung der *deutschen* Jahrbücher mit Recht verboten,
er ruft uns zu: Keine Restauration! Wie vernünftig! Wir
müssen etwas Neues unternehmen, wenn wir überhaupt
etwas tun wollen. Ich bemühe mich um das Merkantilische
bei der Sache. Wir zählen auf sie. Schreiben Sie mir über den
Plan der neuen Zeitschrift[19], den ich Ihnen beilege.

Marx an Ruge   *Kreuznach, im September 1843*
Es freut mich, dass Sie entschlossen sind und von den Rück-
blicken auf das Vergangene Ihre Gedanken zu einem neuen
Unternehmen vorwärts wenden. Also in Paris, der alten
Hochschule der Philosophie und der neuen Hauptstadt der
neuen Welt. Was notwendig ist, das fügt sich. Ich zweifle
daher nicht, dass sich alle Hindernisse, deren Gewicht ich
nicht verkenne, beseitigen lassen.

Das Unternehmen mag aber zustande kommen oder
nicht; jedenfalls werde ich Ende dieses Monats in Paris sein,
da die hiesige Luft leibeigen macht und ich in Deutschland
durchaus keinen Spielraum für eine freie Tätigkeit sehe.

In Deutschland wird Alles gewaltsam unterdrückt, eine
wahre Anarchie des Geistes, das Regiment der Dummheit
selbst ist hereingebrochen, und Zürich gehorcht den Befeh-
len aus Berlin; es wird daher immer klarer, dass ein neuer
Sammelpunkt für die wirklich denkenden und unabhängigen
Köpfe gesucht werden muss. Ich bin überzeugt, durch unse-

---

19 Gemeint sind die »Deutsch-Französischen Jahrbücher«, eine von
    Arnold Ruge und Karl Marx gemeinsam herausgegebene oppositio-
    nelle Zeitschrift, deren einzige Ausgabe (als Doppelheft) im Februar
    1844 in Paris erschien.

ren Plan würde einem wirklichen Bedürfnis entsprochen werden, und die wirklichen Bedürfnisse müssen sich doch auch wirklich erfüllen lassen. Ich zweifle also nicht an dem Unternehmen, sobald Ernst damit gemacht wird.

Größer noch als die äußeren Hindernisse, scheinen beinahe die inneren Schwierigkeiten zu sein. Denn wenn auch kein Zweifel über das »Woher«, so herrscht desto mehr Konfusion über das »Wohin«. Nicht nur, dass eine allgemeine Anarchie unter den Reformern ausgebrochen ist, so wird jeder sich selbst gestehen müssen, dass er keine exakte Anschauung von dem hat, was werden soll. Indessen ist das gerade wieder der Vorzug der neuen Richtung, dass wir nicht dogmatisch die Welt antizipieren, sondern erst aus der Kritik der alten Welt die neue finden wollen. Bisher hatten die Philosophen die Auflösung aller Rätsel in ihrem Pult liegen, und die dumme exoterische Welt hatte nur das Maul aufzusperren, damit ihr die gebratenen Tauben der absoluten Wissenschaft in den Mund flogen. Die Philosophie hat sich verweltlicht, und der schlagendste Beweis dafür ist, dass das philosophische Bewusstsein selbst in die Qual des Kampfes nicht nur äußerlich, sondern auch innerlich hineingezogen ist. Ist die Konstruktion der Zukunft (...) nicht unsere Sache, so ist desto gewisser, was wir gegenwärtig zu vollbringen haben, ich meine *die rücksichtslose Kritik alles Bestehenden*, rücksichtslos sowohl in dem Sinne, dass die Kritik sich nicht vor ihren Resultaten fürchtet und ebenso wenig vor dem Konflikt mit den vorhandenen Mächten.

Ich bin daher nicht dafür, dass wir eine dogmatische Fahne aufpflanzen, im Gegenteil. Wir müssen den Dogmatikern nachzuhelfen suchen, dass sie ihre Sätze sich klar machen. So ist namentlich der *Kommunismus* eine dogmatische Abstraktion, wobei ich aber nicht irgendeinen eingebildeten und möglichen, sondern den wirklich existierenden Kommunismus, wie ihn Cabet, Dezamy, Weitling[20] etc., lehren, im Sinn habe. Dieser Kommunismus ist selbst nur eine aparte von seinem Gegensatz, dem Privatwesen, infizierte Erscheinung des humanistischen Prinzips. Aufhebung des Privateigentums und Kommunismus sind daher keineswegs identisch, und der Kommunismus hat andere sozialistische Lehren wie die von Fourier, Proudhon[21] etc., nicht zufällig, sondern notwendig sich gegenüber entstehen sehen, weil er selbst nur eine besondere, einseitige Verwirklichung des sozialistischen Prinzips ist.

Und das ganze sozialistische Prinzip ist wieder nur die eine Seite, welche die *Realität* des wahren menschlichen Wesens betrifft. Wir haben uns eben sowohl um die andere Seite, um die theoretische Existenz des Menschen zu kümmern, also Religion, Wissenschaft etc. zum Gegenstande unserer Kritik zu machen. Außerdem wollen wir auf unsere Zeitgenossen wirken, und zwar auf unsere deutschen Zeitgenossen. Es fragt sich, wie ist das anzustellen? Zweierlei Facta lassen sich nicht ableugnen. Einmal die Religion, dann die Politik sind Gegenstände, welche das Hauptinteresse des jetzigen Deutschlands bilden. An diese, wie sie auch sind, ist

---

20 Wihelm Weitling war der erste deutsche Theoretiker des Kommunismus, dessen Schriften unter dem Einfluss der französischen Frühsozialisten Étienne Cabet und Théodore Dézamy standen.

21 Pierre-Joseph Proudhon war ein französischer Frühsozialist und Vertreter eine solidarischen Anarchismus, der sich für die Abschaffung des Privateigentums und der damit verbundenen Ausbeutung des Menschen durch den Menschen einsetzte.

anzuknüpfen, nicht irgendein System wie etwa die *Voyage en Icarie*[22] ihnen fertig entgegenzusetzen.

Die Vernunft hat immer existiert, nur nicht immer in der vernünftigen Form. Der Kritiker kann also an jede Form des theoretischen und praktischen Bewusstseins anknüpfen und aus den *eigenen* Formen der existierenden Wirklichkeit die wahre Wirklichkeit als ihr Sollen und ihren Endzweck entwickeln. Was nun das wirkliche Leben betrifft, so enthält grade der *politische Staat,* auch wo er von den sozialistischen Forderungen noch nicht bewusster Weise erfüllt ist, in allen seinen *modernen* Formen die Forderungen der Vernunft. Und er bleibt dabei nicht stehen. Er unterstellt überall die Vernunft als realisiert. Er gerät aber ebenso überall in den Widerspruch seiner ideellen Bestimmung mit seinen realen Voraussetzungen.

Aus diesem Konflikt des politischen Staates mit sich selbst lässt sich daher überall die soziale Wahrheit entwickeln. Wie die *Religion* das Inhaltsverzeichnis von den theoretischen Kämpfen der Menschheit, so ist es der *politische Staat* von ihren praktischen. Der politische Staat drückt also innerhalb seiner Form alle sozialen Kämpfe, Bedürfnisse, Wahrheiten aus. Es ist also durchaus nicht unter der *hauteur des principes*[23] die speziellste politische Frage – etwa den Unterschied von ständischem und repräsentativem System – zum Gegenstand der Kritik zu machen. Denn diese Frage drückt nur auf *politische* Weise den Unterschied von der Herrschaft des Menschen und der Herrschaft des Privat-

22 *Reise nach Ikarien,* utopischer Roman des französischen Sozialisten Étienne Cabet.
23 Höhe der Prinzipien.

eigentums aus. Der Kritiker kann also nicht nur, er muss in diese politischen Fragen (die nach der Ansicht der krassen Sozialisten unter aller Würde sind) eingehen. Indem er den Vorzug des repräsentativen Systems vor dem ständischen entwickelt, *interessiert* er *praktisch* eine große Partei. Indem er das repräsentative System aus seiner politischen Form zu der allgemeinen Form erhebt und die wahre Bedeutung, die ihm zu Grunde liegt, geltend macht, zwingt er zugleich diese Partei, über sich selbst hinauszugehen, denn ihr Sieg ist zugleich ihr Verlust.

Es hindert uns also nichts, unsre Kritik an die Kritik der Politik, an die Parteinahme in der Politik, also an *wirkliche* Kämpfe anzuknüpfen und mit ihnen zu identifizieren. Wir treten dann nicht der Welt doktrinär mit einem neuen Prinzip entgegen: Hier ist die Wahrheit, hier kniee nieder! Wir entwickeln der Welt aus den Prinzipien der Welt neue Prinzipien. Wir sagen ihr nicht: Lass ab von deinen Kämpfen, sie sind dummes Zeug; wir wollen dir die wahre Parole des Kampfes zuschreien. Wir zeigen ihr nur, warum sie eigentlich kämpft, und das Bewusstsein ist eine Sache, die sie sich aneignen *muss*, wenn sie auch nicht will.

Die Reform des Bewusstseins besteht *nur* darin, dass man die Welt ihr Bewusstsein inne werden lässt, dass man sie aus dem Traum über sich selbst aufweckt, dass man ihre eigenen Aktionen ihr *erklärt*. Unser ganzer Zweck kann in nichts anderem bestehen, wie dies auch bei Feuerbachs Kritik der Religion der Fall ist, als dass die religiösen und politischen Fragen in die selbstbewusste menschliche Form gebracht werden. Unser Wahlspruch muss also sein: Reform des Bewusstseins nicht durch Dogmen, sondern durch Analysierung des mystischen sich selbst unklaren Bewusstseins, trete es nun religiös oder politisch auf. Es wird sich dann zeigen, dass die Welt längst den Traum von einer Sache besitzt, von dem sie nur das Bewusstsein besitzen muss, um sie wirklich zu besitzen. Es wird sich zeigen, dass es sich nicht um einen großen Gedankenstrich zwischen Vergangenheit und Zukunft handelt, sondern um die *Vollziehung* der Gedanken der Vergangenheit. Es wird sich endlich zeigen, dass die Menschheit keine *neue* Arbeit beginnt, sondern mit Bewusstsein ihre alte Arbeit zustande bringt.

Wir können also die Tendenz unseres Blattes in ein Wort fassen: Selbstverständigung (kritische Philosophie) der Zeit über ihre Kämpfe und Wünsche. Dies ist eine Arbeit für die Welt und für uns. Sie kann nur das Werk vereinter Kräfte sein. Es handelt sich um eine *Beichte*, um weiter nichts. Um sich ihre Sünden vergeben zu lassen, braucht die Menschheit sie nur für das zu erklären, was sie sind.

DEUTSCH-FRANZÖSISCHE

JAHRBÜCHER

herausgegeben

von

Arnold Ruge und Karl Marx.

1ste und 2te Lieferung.

PARIS,

IM BUREAU DER JAHRBÜCHER. } RUE VANNEAU, 22.
AU BUREAU DES ANNALES.

1844

PLAN DER DEUTSCH-FRANZÖSISCHEN JAHRBÜCHER

Diese Zeitschrift ist eine kritische, aber sie ist keine deutsche Literaturzeitung. Wir werden Ausführungen von Franzosen und Deutschen bringen:

1. Über Menschen und Systeme, die von Einfluss und Bedeutung sind, über Fragen des Tages, Verfassung, Gesetzgebung, Staatsökonomie, Sitte und Bildung. Die himmlische Politik des Mittelreiches wird aufgehoben, und die wirkliche Wissenschaft von den menschlichen Dingen an die Stelle gesetzt.

2. Eine Revue der Zeitungen und Zeitschriften: Bezeichnung ihres Verhältnisses zu den Problemen unserer Zeit.

3. Eine Revue der alten Buchliteratur und Belletristik in Deutschland, die notwendig zu einer Kritik des bisherigen deutschen Geistes in seiner transzendenten, jetzt verfaulenden Daseinsweise ausschlagen muss; ebenso eine Revue derjenigen Bücher beider Nationen, durch welche die neue Epoche, in die wir eintreten, begonnen und fortgeführt wird. (...)

Als im vorigen Jahr die deutschen Regierungen der althergebrachten Freiheit zu philosophieren ein Ende machten und die Schriften unterdrückten, welche die Welt mit den Gedanken der neuesten Philosophie bekannt machten, erfuhren sie, wo die Sache zur Sprache kam, den Beifall der Volksvertreter und sonst überall die Gleichgültigkeit der großen Masse des Volks. Diese Erfahrung hat gezeigt; wie weit in Deutschland die Philosophie noch davon entfernt ist, Nationalsache zu sein. Sie muss es werden. Die Gleichgültigkeit der Massen, die Anfeindung der Ununterrichteten unter den Gebildeten muss aufhören, der Widerstand derer, die von Amts wegen dem Gebrauch und der Realisierung der Vernunft entgegen sind, muss gebrochen werden. Ein Volk ist nicht eher frei, als bis es die Philosophie zum Prinzip seiner Entwicklung macht; und es ist Aufgabe der Philosophie, das Volk zu dieser Bildung zu erheben.

In Deutschland war die Heuchelei, als sei die Wissenschaft gleichgültig gegen das Leben, und wenn das nicht, als sei doch wenigstens ihr Himmel für die Masse der Menschen unerreichbar, nicht zu besiegen. Unter vernünftigen Verhältnissen wird der Kern der Wissenschaft Eigentum aller in der Form der Praxis und des allgemeinen Bewusstseins. Ein praktischer Gedanke, ein weltbewegendes Wort sind aber in Deutschland unmittelbar Attentate auf alles, was heilig und über den Pöbel erhaben ist. Heilig und vornehm, nicht menschlich und frei, ist die deutsche Wissenschaft so gut als der deutsche Staat, und *Verrat* an beiden, die Menschheit ohne Rückhalt in ihren Besitz zu setzen. Dieser *Verrat* muss jetzt begangen werden.

Man könnte sagen, er muss fortgesetzt werden, denn der Anfang ist in der Tat schon gemacht. Die Ereignisse der letzten Jahre haben die Philosophie zu einer politischen Bedeutung erhoben, die sie in Deutschland bisher noch nie erreicht, und den Glauben an eine Literaturwelt, in der die seligen Götter des gelehrten und künstlerischen Olymps ein abgeschiedenes Leben führen, nicht wenig erschüttert. Die Menschheit interessiert jetzt nicht mehr das entfernte Wetterleuchten einer Weisheit, die jenseits des gewöhnlichen Horizontes arbeitet, nicht mehr die lautlose Buchhaltung der Literatur über die zu Grabe gegangenen Geister, sondern wesentlich das wirkliche Wetter, in das wir unsere Köpfe hinausstrecken, der Aufruhr oder die ruhige Strömung der ganzen gegenwärtigen Atmosphäre, der Kampf strebender und widerstrebender Elemente in ihr – das Leben dieser reellen in sich arbeitenden Menschenwelt.

Für dies Interesse tätig zu sein, ist die Aufgabe aller fähigen Menschen unserer Tage. Der große Gedanke einer weltgewinnenden Literatur der Aufklärung wird nun erst in seinem ganzen Umfang verwirklicht werden; alle Kunst und aller Geist, aller Ehrgeiz und alle Arbeit, die nicht verloren sein will, wird er in seinen Dienst nehmen, um mit unwiderstehlicher Gewalt die Freiheit der Wissenschaft und des Staates zu einer Herzenssache der gebildeten Völker zu machen.

Wir haben uns dieser Aufgabe gewidmet. Ist die deutsche Bewegung für den Augenblick in eine Bücherwelt zurückgeschleudert, die sich das Ansehen gibt, als ginge sie die Geschichte und die Revolution, in der wir leben, nichts an; so werden wir diese Heuchelei und Indifferenz abstreifen und mit vollem Bewusstsein politische Zwecke verfolgen. Wir werden alles auf die Freiheit beziehen. Eine indifferente Gelehrsamkeit gibt es für den Philosophen nicht. Philosophie ist Freiheit und will Freiheit erzeugen; und wir verstehen unter Freiheit die wirklich menschliche, d.h. die politische Freiheit, nicht irgendeinen metaphysischen blauen Dunst, den man sich auf seinem Studierzimmer vormachen kann, und wäre auch dies Zimmer ein Gefängnis.

Wir werden damit anfangen, eine kritische Zeitschrift zu schreiben, und wir denken, ihr diesen Namen dadurch zu verdienen, dass wir in ihr eine philosophische und publizistische Darstellung der Krisen unserer Zeit geben.

Für Deutschland allerdings werden wir wohl auch noch ferner die Anknüpfung an die Literatur beibehalten, da hier die Schriftsteller sowohl als die Regierungen nichts anderes hervorbringen als reine Literatur.

Sonst aber ist den Mitarbeitern an der Kritik, die wir beabsichtigen, unbedingt die Anknüpfung an jedes Problem der Zeit, auch abgesehen von einer bestimmten literarischen Erscheinung desselben, freigestellt. Alles, was sich auf die große Umwälzung bezieht, die in der alten Welt vor sich geht, in möglichst prägnanter und künstlerisch abgerundeter Form zum allgemeinen Bewusstsein zu bringen, diese Aufgabe, welche die Franzosen schon so oft und mit so schlagendem Erfolg gelöst, gilt nun auch für uns. Der deutsche *Contrat social* und die deutsche Frage: Was ist Deutschland, und was muss es werden? Die deutsche Politik für's Volk – alle diese Schriften werden geschrieben werden. Die Lorbeeren der unsterblichen Franzosen müssen uns nicht schlafen lassen.

In der Tat verhält sich der Charakter solcher Schriften, die aus der Bewegung des öffentlichen Lebens entspringen und wieder den Ursprung einer neuen Epoche enthalten, zu deutschen Gedanken und Schriften wie das Tagesleben zum Traume. Die Kühnheit der Absicht, die Kunst der Ausführung und die Größe des Erfolgs sind bei uns auf gleiche Weise unmöglich.

Dies führt uns zu Frankreich. Jede Verweltlichung der Wissenschaft, jede Verbindung derselben mit der Politik ist unmittelbar Verbindung mit Frankreich. Gegen Frankreich sein und gegen Politik, gegen Politik und gegen Freiheit sein, ist in Europa dasselbe. Frankreich ist das politische Prinzip, das reine Prinzip der menschlichen Freiheit in Europa, und Frankreich ist es allein. Es hat die Menschenrechte proklamiert und erobert, es hat seine Eroberung verloren und wiedergewonnen, es kämpft in diesem Augenblick um die Realisierung der großen Prinzipien des Humanismus, welche die Revolution in die Welt gebracht. Hierdurch hat diese Nation eine kosmopolitische Sendung: Was sie für sich erkämpft, das ist für alle gewonnen. Der Nationalhass gegen Frankreich ist daher mit dem blinden Widerwillen gegen die politische Freiheit völlig gleichbedeutend. In Deutschland kann man das Maß des Verstandes und der sittlichen Befreiung bei jedem Menschen daran prüfen was er über Frankreich urteilt. Je trüber der Verstand, je unterwürfiger die Denkungsart eines Deutschen ist, desto ungerechter und unwissender wird sein Urteil über Frankreich ausfallen. Die Größe und sittliche Kraft einer Nation, die sich und ganz Europa alle Freiheit erobert hat, welche die Welt jetzt genießt, wird er unsittlich, die Aufhebung seines eignen Prinzips, des Philistertums, wird er gemütlos nennen, und Sinn für Familienglück wird er den gottlosen Franzosen nun gar nicht zugestehen. Wer in Deutschland die Franzosen versteht und anerkennt, ist schon ein gebildeter, ein freier Mann. Ganz natürlich. Die wirkliche Vereinigung des deutschen und französischen Geistes ist ein Zusammentreffen in dem Prinzip des Humanismus, und einer solchen Vereinigung geht die Versittlichung des Individuums durch Aufhebung des rohen Nationalhasses und der unwissenden Schmähsucht, nicht minder die Erkenntnis der gegenseitigen wissenschaftlichen, geselligen und politischen Tugenden vorauf. Beides ist eine geistige Befreiung. Und auch darin beschämen uns die Franzosen. Sie haben sich ihr zu einer Zeit, als sie Ursache hatten, uns zu hassen, freiwillig ergeben. Sie studieren uns, sie achten uns, ja sie überschätzen uns und unsre überweltliche Wissenschaft; und wenn sie die weltliche Wendung der neusten Epoche noch nicht kennen, so wird es sich gar bald zeigen, dass sie erst hier wirklich mit uns zusammenkommen. Wir dürfen, wenn auch in der Freiheit, doch nicht in der Bildung hinter ihnen zurückbleiben; und wenn es eine Zeit gab, wo Lessing Deutschland vom Joch des französischen Geistes befreien musste, so ist ohne Zweifel jetzt das Studium der französischen Geisteswelt, ihrer Eleganz und Bildung für uns eine Befreiung von endlosem Wust und Vorurteil, ein Schutz gegen alle eroberungssüchtigen und tyrannischen Missbräuche des Nationalgefühls, und endlich, wenn man so viel hoffen darf, ein Sporn zur Erkämpfung politischer Freiheit und eines öffentlichen Staatslebens. Die reellste Vereinigung beider Nationen ist die Vermittlung ihrer Bildung; ja, eine solche Vereinigung ist der Sieg der Freiheit.

Wir Deutsche haben viel Zeit verloren mit Aufstöbern, Ausklopfen und Ausbürsten unseres alten Krams in Religion und Politik. Wir haben uns zum Teil die Augen dabei verdorben und sind übersichtige Romantiker geworden. Aber wir haben auch einen Ordnungssinn und einen logischen Scharfblick aus dieser Arbeit gewonnen, der uns in metaphysischen und fantastischen Regionen zum sichern Kompass dient, während die Franzosen in ihnen ohne Steuer vor Wind und Wellen treiben. Selbst Lamennais und Proudhon, die im Politischen so unübertrefflich klar und scharf sind, machen hiervon keine Ausnahme, der Saint-Simonisten und der Fourieristen gar nicht zu gedenken.

Uns Deutsche hat, so seltsam es den Ununterrichteten auch klingen mag, von der Willkür und Fantastik das Hegelsche System befreit. Indem es die ganze *transzendente* Welt aller bisherigen Metaphysik als ein *Vernunftreich* konstituierte, ließ es uns nur übrig, die *Transzendenz* der Vernunft aufzuheben, um den Vorteil ihrer logischen Sicherheit und Konsequenz zu genießen. Aus dem Himmel des Hegelschen Systems auf die Erde, die der direkten menschlichen Vernunft gehört, gelangt man ausgerüstet mit dem Pilotenverstande, der die Himmelscharte, selbst zu seiner Orientierung auf der Erde, benutzt. Diese Himmelscharte ist uns Deutschen die Logik des Hegelschen Systems, sie, die selbst das ganze System in himmlischer, abgeschiedener Form noch einmal ist.

Es macht einen gewaltigen Unterschied, ob man unmittelbar zur menschlichen Freiheit und zu den Forderungen des reinen Humanismus gelangt, oder ob man die ganze himmlische Wirtschaft, in welcher die alte Menschheit noch befangen ist, den ganzen romantischen Wust in Religion und Politik, vorher systematisch, d. h. philosophisch durchgemacht und an jedem Punkte überwunden hat. Die Freiheitsforderung derer, die aus der Hegelschen Philosophie hervorgehen, ist daher nicht ein bloßer Wille, sondern ein motivierter Wille, nicht ein liberaler guter Wille, sondern eine notwendige Konsequenz, nicht ein Produkt des Zufalls, sondern ein Ergebnis der Geschichte des deutschen Geistes, eine Form seines Bewusstseins über seine ganze bisherige Arbeit, der nun nichts mehr entgegenzusetzen ist. Denn was diesem Zeitgeiste entgegengesetzt werden könnte, die Vergangenheit oder seine bisherige Arbeit und ihre Herrlichkeit; eben diese durchschaut zu haben, ist sein Verdienst. Früher konnte ein solches Unternehmen gelingen; denn damals war in Deutschland die Freiheitsforderung so wüst und ungebildet, dass sie selbst gar nichts anders enthielt als eben jene unbedingte Verehrung der Vergangenheit. Zunächst aber, als man diesen Gedanken ausführen wollte, war die Vergangenheit die alte Beamtendespotie, dann, als diese sich wieder durchgesetzt hatte, konnte man, so schien es, noch einen Schritt weiter zurücktun und die Romantik oder das christlich-germanische Restaurationsprinzip zur Reformierung des Beamtenstaates anwenden. Dies ist aber schon ein verunglückter Versuch zu nennen. Seitdem sich zwei deutsche Könige vergeblich mit dieser Reform zum Mittelalter zurückzuarbeiten versucht haben, ist die Ohnmacht der Romantik in der Politik schlagend bewiesen. Gewonnen ist aber wenigstens so viel damit, dass die Scheidung des Geistes der Restauration und der Revolution unwiderruflich vollzogen wurde. Die Privilegien des alten himmlischen Reiches und die menschliche Freiheit unserer Epoche sind auf den Tod verfeindet. Und die Revolution hat alle moralische und intellektuelle Gewalt auf ihrer Seite. Bei jedem wahren Wort, das im Namen der Freiheit gesprochen wird, erhebt der morsche Raritätenkasten der Vorzeit, und seine Bewohner und Verteidiger fühlen, dass es der Trompeten von Jericho nicht bedarf, um ihn niederzuschmettern. Diese Angst hat uns in Deutschland das Wort verboten. Das Verbot ist der Ausdruck der Todfeindschaft, aber auch der Todesfurcht und eben darum die Bürgschaft unserer Zukunft. Eine solche Niederlage ist schon der Sieg.

Freilich wenn die Franzosen dies hören, werden sie sagen: »In einem dreißigjährigen Kampf nicht weiter gekommen zu sein als bis zu diesem Punkt, dass in seiner Todesangst der alte Despotismus sich zur gänzlichen Vernichtung aller freien Regung des Öffentlichen Geistes aufgerafft und die Freiheit nichts als diese stille Hoffnung auf ein zukünftiges Geschlecht übrigbehalten hat, das heißt in der Tat, viel Zeit und alles Terrain verlieren.« – Ja, wir geben es zu, der Wechsel auf die Zukunft ist, so gut und nicht besser als die Zukunft selbst, eine Realität, die für uns wenigstens immer sehr zweifelhaft bleibt. Wir konnten diese Tatsache nicht bündiger eingestehen als damit, dass wir daran verzweifeln mussten, bevor wir den gastlichen Boden Frankreichs betraten, auch nur die freie Sprache und die Veröffentlichung unserer Gedanken wieder in unsere Gewalt zu bekommen. Und dennoch ist die Mühe in dem Gebiet der reinen Prinzipien nicht umsonst aufgewendet, die Arbeit in der überweltlichen Region, der wir Deutsche so große Kräfte gewidmet, nicht verloren. Diese Mühe und Arbeit führt, durch die wiederholte Erkenntnis und Erklärung des alten, zu der radikalsten Eroberung des neuen Prinzips; ihre Früchte den Franzosen zugänglich machen, heißt die große Umwälzung, die sie durch die Philosophie des 18ten Jahrhunderts und durch ihre Revolution gemacht, für immer sicherstellen. Wir sichern sie, wenn es uns gelingt, sie mit der neuesten deutschen Philosophie bekannt zu machen, gegen alle Verführung jener wildaufgewachsenen Genialität und zügellosen Fantasie, der gerade die Franzosen mit einer edlen Unbesonnenheit sich zu überlassen pflegen, wie dies des geistvollen Chateaubriands und Lamennais's christliche Schwärmereien und die romantischen Gelüste eines großen Teils der jetzigen französischen Jugend hinlänglich beweisen. Haben wir Deutsche uns an der Freiheit versündigt, als wir die größte Tat der Weltgeschichte, die Revolution, im Dienste des Despotismus bekämpften, so wird es eine Sühne sein, wenn jetzt die deutsche Philosophie den französischen Geist vor den Lockungen, die ihm drohen, bewahren kann – Lockungen, denen die guten Deutschen seit den Freiheitskriegen so schmählich erlegen sind. Der Naive, der die Irrwege der religiösen und poetischen Fantastik nicht kennen gelernt, der sie in jener metaphysischen Himmelscharte nicht genau verzeichnet und für immer charakterisiert weiß, ist nie sicher. Auf die metaphysische Naivität der Menschen haben von jeher die Priester, welche die Stirn hatten, der Welt Mysterien zu offenbaren, die sie selbst weder wussten noch glaubten, ihr System gebaut. Auf dieser Naivität ruhte das ganze System der mittelalterlichen Heiligtümer, denen der Mensch und seine Freiheit zum Opfer gebracht wurde. Die Deutschen haben den Ruhm, dieser düpierten und entmenschten Zeit vorzugsweise anzugehören. Den Sturz von den lichten Höhen der griechischen Menschheit in die düstre Tiefe der christlich-germanischen Gemütsrohheit, wem anders als der metaphysischen Einfalt unserer Vorfahren hat die Welt ihn zu verdanken? Und diese tausendjährige Einfalt sollte die Revolution überleben und selbst durch den Zusammensturz des ganzen alten Reichsplunders nicht gewitzigt werden!

Als die Deutschen im Anfange dieses Jahrhunderts ihre Unabhängigkeit wieder erobert hatten, wandten sie sich diesem Plunder wieder zu, und was sie von dem alten Unwesen in der Wirklichkeit nicht erreichen konnten, dessen erinnerten sie sich wenigstens mit unglaublicher Sehnsucht und Gemütlichkeit. Eine gute Weile haben sie sich ihrer kaiserlich-päpstlichen Herrlichkeit erinnert, dann aber, mitten in dieser Erinnerung, ist ihnen das Verständnis derselben aufgegangen, und die neuste Philosophie bietet die Erscheinung dar, dass nun auch die Deutschen von freien Stücken mit den Illusionen ihrer Vergangenheit brechen und im Namen der unverjährlichen Menschenrechte dem »christlich germanischen« Mittelalter den Krieg erklären. Dies ist eine Genugtuung für Frankreich, es ist ferner, wie gesagt, eine Arbeit, die ihm positiv zu Gute kommen muss, und es ist endlich die Vereinigung des deutschen und französischen Volks in demselben humanen Prinzip, eine unwiderstehliche Allianz der Freiheit beider Völker, deren gemeinsames Schicksal von nun an unumstößliche Tatsache ihres politischen Bewusstseins ist.

Die Rückkehr des deutschen Bewusstseins zu dem Grundgedanken der französischen Revolution trägt uns von der anderen Seite eine Realität entgegen, die wir mit unglaublicher Übersichtigkeit bis jetzt vernachlässigt haben. Frankreich ist das Land, welches seit der Revolution an der Realisierung der Philosophie arbeitet, Frankreich ist ein durch und durch philosophisches Land. Wenn man ihm vorwerfen kann, dass es über die Praxis manchmal die Prinzipien aus dem Auge verloren habe, so muss man gestehen, dass es mit bewundernswürdigem Mut und Geist immer wieder zu ihnen zurückgekehrt ist und sein ganzes Leben mit ihnen geschwängert hat, wie kein andres Volk dies bis jetzt vermochte. Der Boden dieses Landes ist daher geweiht; eine klassische, eine männliche, eine ganz ungeheuchelt wahre Literatur, hinreißend durch Form und Inhalt, hat sich auf ihm erzeugt, Wir Deutsche haben wenig oder nichts dergleichen. Ja, wir fühlen noch nicht einmal das Bedürfnis, die geistige Speise, die man uns täglich auftischt, nur unverfälscht und ehrlich bereitet zu genießen. Unsere Literatur und unser politisches Leben ist durch und durch verderbt, und wenn je ein Schriftsteller und Politiker naiv genug ist, dem System der verkehrten Welt, in der Alle für Einen und Viele für Wenige geschaffen sind, ehrlich anzuhängen, so ist dies eine Wahrhaftigkeit und eine Echtheit des Ausdrucks, die nichts wert, eine Einfalt, die so gefährlich ist, wie irgendeine. – Wie können wir uns retten aus diesem größten Elend, das über eine Nation kommen kann, aus der sittlichen Verwahrlosung ihrer ganzen Öffentlichkeit?

Wir müssen uns die freie und wahre Öffentlichkeit suchen, wo sie zu finden ist; und da die deutsche Nation zu stumpf ist, um für Pressefreiheit die Stimme, welche durchdringt, den allgemeinen energischen Ruf zu erheben; nun, so müssen wir im Auslande schreiben und drucken, wie die Franzosen vor ihrer Revolution dies auch gemusst.

Es handelt sich für uns Deutsche darum, ein Beispiel wahrer Pressefreiheit vor Augen zu haben, eine Anschauung zu gewinnen von der Freiheit, die sich selbst beherrscht und

Gesetze auferlegt, von einer Freiheit, die vor nichts zurück-bebt, als davor, sich selber und den ewigen Gesetzen der Vernunft ungetreu zu werden, von einer Freiheit, die, selbstgewiss und unerbittert, dem Knirschen des gefesselten Sklaven entsagt, die Welt nicht verwüsten und ihr nicht ins Gesicht schlagen, sondern sie gewinnen, sie hinreißen, sie über sich selbst erheben will, von einer Freiheit, die in der Schönheit ihr Gesetz und in der Wahrheit ihr Maß und Ziel findet. Ja, ihr Herren, um diese Freiheit. Ihr habt uns lange umhergezerrt und unter die Füße getreten, ihr habt unsere Arbeiten unbarmherzig verdorben und vertilgt, ihr habt unsern Zorn über eure Rohheit und Unwissenheit zur Wut entflammt, und dann, wenn ihr auch den Ausdruck gerechter Leidenschaft wieder verfälscht hattet, dann zeigtet ihr zuletzt noch mit Fingern auf uns und charakterisiertet uns nach unsern Schriften, wie sie eure Beamten in den Druck gegeben und eure freie Presse sie verstanden hatte. Das ist kein Kampf, das ist eine Verhöhnung des Gefesselten, ein Spiel mit des Menschen Recht und Ehre. Genug dieses Spiels für uns und für euch. Fürchtet ihr uns, so tut es; aber ihr habt nichts für uns zu fürchten, für die ihr bisher so väterlich sorgtet. Wollt ihr kämpfen, jetzt ist Luft und Sonne gleich; aber wenn wir jetzt erscheinen, wie wir sind, nicht wie die Zensur uns frisierte oder die List gegen sie uns vermummte, so habt ihr nicht zu fürchten, dass wir uns nun in einem minder vorteilhaften Lichte zeigen.

Wir finden die Pressefreiheit vor; wir treten plötzlich in sie ein, wir, denen selbst unter Zensur zu schreiben nicht mehr vergönnt sein sollte. Es ist ein Sprung, der ungeheuerste, den es geben kann, von der entwürdigsten Stellung zu der ehrenvollsten, von der gänzlichen Unterdrückung zur vollkommenen Freiheit. Aber dieser Sprung ist natürlich. Die alten Verhältnisse wollten uns nicht mehr ertragen, weil wir ihnen entwachsen waren; und wir werden es beweisen, dass wir im Mutterleibe der deutschen Finsternis stark genug geworden sind, um mit einem Male das Licht der Welt zu erblicken und die Luft der freien Atmosphäre ein- und auszuatmen.

Unsere Pressefreiheit wird uns, wir hoffen es, unsterbliche Werke aus der Werkstatt der neuen Generation zuführen. Sie ist wirkliche Freiheit, sobald sie auftritt als die Frucht ernster und hingebender Studien der Philosophie und der Form; sie wird aber auch euch, der alten Generation der Unterworfenen, eine Pressefreiheit, zum mindesten gegen uns, bringen. Hütet euch, dass diese nicht ein wüstes Nebelbild der wahren, ein rohes altdeutsches Gespenst ohne Sitte, Verstand und Schönheit werde. Nehmt all eure Kräfte zusammen; und wenn ihr als Gegner der Freiheit nicht frei sein könnt, so sucht wenigstens die Ehre wohlgezogener und gutgeschulter Diener zu erwerben. Wenn ihr ohne Gemeinheit polemisieren und ohne Rohheit unsere Gegner sein, wenn ihr euch deutsch ohne Brutalität, patriotisch ohne Verworfenheit, loyal ohne Verrat an den ewigen Rechten der Menschheit zeigen könnt; so wird auch euch dies neue Verhältnis befreien; wo nicht, so ist es nicht unsere Schuld, dass ihr die Gelegenheit versäumet, die wir euch bieten.

Wie aber auch die Form der deutschen Pressefreiheit, die uns gegenübertritt, ausfallen mag, ihr Inhalt ist bekannt und ihre Absicht hat alle Welt verstimmt. Ja, wenn der ganze Helikon herniederstiege und die Grazien allen Schriftstellern von der guten deutschen Presse ihren Gürtel borgten; es würde ihnen nicht gelingen, die allgemeine Verstimmung über das System, dem sie dienen, zu beschwichtigen. Die Entwürdigung des deutschen Namens ist eine allgemein gefühlte Tatsache, umso schmerzlicher, da sie unmittelbar auf die Hoffnungen von 1840 und 1841 folgt und buchstäblich eine ganze Nation ebenso schnell aus ihrem Himmel herabgestürzt, als sie sich in ihn erhoben hatte. Es ist nötig, dass die gefühlte Entwürdigung auch zu Wort kommt und dass sie deutlich und leserlich für zukünftige Geschlechter in das große Buch der Geschichte eingetragen wird. Aber damit ist es nicht genug; es bedarf einer Enthüllung des alten Systems, die von Innen herauskommt und mit der Wiederherstellung der menschlichen Freiheit nicht nur ebenfalls ein neues politisches System begründet, sondern damit ebenso sehr Epoche macht, wie die planmäßige Unterjochung der Menschheit, die den größten Teil der bisherigen Geschichte einnimmt.

Die Zeit, der Kritik einen solchen, d. h. den direkten und wesentlichen Inhalten zu geben, ist gekommen. Alle Anzeichen, sowohl die Beeiferung der Welt um die Erkenntnis ihrer Lage und die Lust der Aufklärer an ihrer Arbeit als auch die Bemühungen derer, die beides zu fürchten haben, beweisen die Nähe einer reellen Krisis. Hier erinnern wir uns des Zurufs eines Freundes: Seht, sagte er, alle Fenster des alten Deutschlands bis unter's Dach und selbst die Dachfenster der Philosophen sind zugestopft, damit die Sonne der Revolution vorüberzieht und ohne die Herzen der Menschen erquickt und ihren Sinn befreit zu haben, wieder untergehen könne. Wohlan heben wir das Dach von dem finsteren Gebäude und lassen wir das Sonnenlicht in alle Winkel scheinen. Dies beabsichtigen wir durch unsere Kritik, und dies, meine Herren, ist eine neue Epoche.

Es geht hiermit nicht eine persönliche Vermittlung durch vereinzelte Individuen mit der neuen Welt der Revolution vor sich, nein, es ist jetzt ein Prinzip aus Deutschland nach Frankreich und aus Frankreich nach Deutschland gekommen; die Fraternisierung der Prinzipien aber ist die Einkehr einer ganzen Nation bei der anderen. Die Individuen sind nur berufen, den allgemeinen Willen zu vollziehen. Je mehr die deutsche Philosophie politisch geworden ist, umso stärker zeigten sich die Sympathien des Volks. Diese, die sie zu Hause zurücklässt, wird sie bei ihrer Rückkehr doppelt wiederfinden. Das Interesse des deutschen und französischen Geistes aneinander ist in einer augenscheinlichen Spannung, diese Spannung aber eine entschieden freundliche.

Außer der direkten Kritik, die wir bisher beschrieben, kündigten wir oben noch ferner eine fortlaufende Aufsicht über die deutschen Zeitungen, so eine Art umgekehrter Zensur an. Sie ist im Grunde ganz dieselbe Sache, wie jene unmittelbare Beleuchtung der alten Politik, nur unverfänglicher, man schlägt die Säcke und trifft den Geist, der sie trägt. Zugleich stellen wir so das Gewissen, welches ihnen abhandengekommen ist, dar. (...)

REDE IN DER DEUTSCHEN NATIONAL-VERSAMMLUNG (22. 7. 1848)

Den Antrag, meine Herren, den ich mir zu stellen die Ehre gebe, hat der Präsident soeben verlesen. Erlauben Sie mir aber, dass ich denselben nochmals verlese. Er lautet:

»Da der bewaffnete Friede durch seine stehenden Heere den Völkern Europas eine unerträgliche Bürde auferlegt und die bürgerliche Freiheit gefährdet, so erkennen wir das Bedürfnis an, einen Völkerkongress ins Leben zu rufen, zu dem Zwecke einer allgemeinen europäischen Entwaffnung.«

Meine Herren! Die Frage könnte scheinen eine utopistische zu sein. Sie ist es aber nicht. Sie ist nichts weiter als die positive Konsequenz, die wir aus der Revolution ziehen müssen, und die positive Konsequenz, die aus dem sehr humanen und anerkennenswerten Bericht unseres Ausschusses zu ziehen ist. Ihr Ausschuss, meine Herren, hat das Verdienst, dass er das Faktische, das jetzt in der Welt besteht, den Weg, den ein humanes Prinzip in Europa gemacht, anerkennt, dass er die Rekonstituierung der Völker auf den humanen Grundlagen, die die gegenwärtige Revolution der Welt predigt, und nicht nur predigt, sondern durch neue Institutionen ins Werk gesetzt hat, anerkennen und darauf eine neue Welt bauen will. Dies ist etwas sehr Großes, und wir haben gewiss das Wort des Herrn Präsidenten sehr zu beachten, dass wir den Zweck diesen großen und gewichtigen Gedanken, den Frieden Europas auf der neuen Basis, durch nichts, was Leidenschaft oder Kriegsgelüste oder Parteisucht ist, stören möchten. Die ganze bisherige Entwickelung Europas ist mit der jetzigen Revolution zu einem großen Abschluss gelangt, und es ist gewiss richtig, dass der Ausschuss in seinem ersten Satz anerkannt, die Selbstständigkeit und Ehre jeder Nation sei das oberste Prinzip ihres Verfahrens, und in dem zweiten Satz, die Nichtintervention der Völker aus prinzipiellen Rücksichten in die inneren Angelegenheiten anderer Völker. Es ist damit anerkannt, dass jedes Volk nach der Bildung, die ihm innewohnt, sich selbstständig zu entwickeln habe. Diese Grundsätze haben wir nicht anzufechten. Indessen ist, seitdem das Christentum in die Welt kam, ein allgemeines Prinzip in der Welt vorhanden, das alle Völker durchdringt. Die verschiedenen Parteien der verschiedenen Völker sind Freund miteinander, und der Grundsatz der französischen Nation, den Lamartine[24] ausgesprochen hat, dass nämlich die französische Republik in dem Falle, dass um sie herum sich demokratische Republiken bildeten und von ihr Unterstützung verlangten, diesem ihrem Prinzip ihre Unterstützung angedeihen lassen wolle, ist gewiss ein richtiger. Es ist dies ein höherer Gesichtspunkt als der Gesichtspunkt der Nichtintervention. Der Gesichtspunkt, dass man für seine Partei auch in dem fremden Volke Partei ergreife, ist richtig. Die Humanität ist derjenige

24 Alphons de Lamartine war nach der Februarrevolution französischer Außenminister und Chef der Provisorischen Regierung.

Gedanke, ist die Konsequenz des Christentums, welche jetzt durch die ganze Welt sich zieht und in der ganzen Welt realisiert werden wird.

Meine Herren! Lassen Sie uns eine humane Frage human behandeln. Die großen Prinzipien sind keine Utopien. Der menschliche Geist ist das Utopien, welches uns alle beherrscht, über alles den Sieg feiert. Als die Puritaner aus England mit der Republik im Herzen, und die Quäker dazu nach Nord-Amerika gingen, da haben sie die Utopien, die in ihren Herzen lebten, und wozu sie den Ort in England nicht finden konnten, in den Urwäldern Nord-Amerikas gefunden, und von den Urwäldern Amerikas, wo sie die Republik gründeten durch die Unabhängigkeitserklärung und Konstituierung der Vereinigten Staaten von Nord-Amerika, sind diese utopistischen Ideen, die den Menschengeist in jener großen Zeit der Reformation bewegt haben und die aus der Reformation eine Republik haben hervorgehen lassen, zurückgekehrt nach Frankreich. Die französische Revolution hat diese großen Ideen über unseren Weltteil getragen, und seit der französischen Revolution ist auf dem französischen Thron kein Prinz wiedergeboren worden, der über Frankreich regiert hätte; seitdem und bis auf den heutigen Tag haben nur Parteimänner über Frankreich regiert, die vor der französischen Revolution geboren wurden, Napoleon nicht ausgenommen, der nichts im Herzen hatte als den Begriff des alten Despotismus und der Tyrannei. Seitdem beginnt nun eine neue Periode von Europa. Die napoleonische Periode und darauffolgende heilige Alliance ist das alte Europa. Die heilige Alliance, meine Herren, hatte aber einen humanen Grund, die Ordnung der europäischen Differenzen durch friedliche Übereinkunft; sie ist zwar ein Fürstenkongress gewesen, aber die Fürstenkongresse repräsentierten damals die Völker. Wie wir jetzt den Fürstenkongress des Bundestags aufgelöst und an seine Stelle den Volkskongress hier in der Paulskirche gesetzt haben, so werden die Nationen Europas gezwungen sein durch die Logik der Ereignisse, an die Stelle der Fürsten-Kongresse in Zukunft den Völkerkongress zu setzen. Der Völker-Kongress von Abgeordneten der freien Völker zur friedlichen Schlichtung ihrer Angelegenheiten, das ist der Gegensatz des bisherigen Systems; es ist das nordamerikanische System; es liegt also kein Utopia in dem Völkerkongress. Das System der Kongresse wird erst dann ein wahres, wenn diejenigen, welche den Kongress bilden, von dem Volke zum Kongress gewählt sind; die wahren Kongresse sind nur die Völkerkongresse, die falschen sind die Diplomatenkongresse. Darum hat auch die Schweiz den Diplomatenkongress, genannt Tagsatzung, der ein falscher war und erst seit der letzten Erhebung wahr wurde, aufgehoben und in ihrer neuen Verfassung an die Stelle des Diplomaten-Kongresses den schweizerischen Volkskongress gesetzt.

Meine Herren! Ich schlage also nichts Verkehrtes, nichts Utopistisches, nichts Unmögliches vor, sondern ich schlage vor, dass das denkende Volk der Deutschen, welches es sich zur Ehre schätzt, das einzige Volk zu sein, das die Philosophie konsequent fortgebildet und die Blüte der reinen, freien, vollkommenen, befreiten Philosophie hervorgebracht hat; ich schlage Ihnen vor, dass dieses deutsche Volk die Initiative ergreife in diesem großen Gedanken, und dass es den übrigen Völkern diesen Gedanken ans Herz lege. Es wird

Niemand in dieser Versammlung sein, der dagegen ist, dass
wir die Ehre, das philosophische Volk genannt zu sein, in
Anspruch nehmen, und wenn auch Einzelne aus Miss-
verstand dagegen sich aufgelehnt haben, meine Herren,
so wollen wir ihnen das verzeihen mit dem großen Wort
des großen Reformators: »Sie wissen nicht, was sie tun.«
Die Elemente aber zu dem Antrag, den ich hier gestellt habe,
liegen in Europa schon vor. Sie liegen vor in der Politik der
Franzosen; sie liegen vor in der Politik der Engländer; sie
liegen vor in unserer Entwicklung und in unseren eigenen
Gedanken. Die französische Politik wird beherrscht durch
den Anstoß, welchen ihr die Februarrevolution gegeben
hat; sie ist beherrscht durch den großen Mann Lamartine,
der proklamiert hat, die Prinzipien der neuen Revolution
seien die Prinzipien des Humanismus, die Prinzipien des
Friedens, und der zuletzt gesagt hat, das Prinzip, das er proklamiert, hätte sich so sehr bewährt, dass er überzeugt sei,
die jetzige, mehr kriegerische Regierungsgewalt werde nicht
umhin können, die Konsequenzen seiner richtigen Politik
forthin auch noch zu befolgen, und dies würde das einzige
Richtige sein, und so lange er eine Stimme in dem Rat seines
Landes hätte – und Sie werden zugeben, er hat eine sehr
gewichtige –, so lange würde diese Politik darauf hingehen,
eine Vereinigung mit Deutschland um jeden Preis herbeizuführen. Diese Vereinigung mit Deutschland, meine Herren,
hat darin ihre Möglichkeit, dass durch die Lamartine'sche
Idee, durch die humane Politik dieses Mannes und durch die
Macht, welche diese große Idee über alle Herzen der Franzosen gewonnen hat – denn in Frankreich ist es nicht der
Fall, wie bei uns, dass man hochherzige Männer, Dichter

und Philosophen verachtet, weil sie Dichter und Philosophen sind; nein, meine Herren, man ehrt sie deshalb, weil sie es sind; man hat Lamartine nur deswegen das Vertrauen geschenkt, und die Poesie Lamartine's hat sich sehr praktisch bewiesen; es hat sich gezeigt, dass, obschon ihm alle Politiker, vom National bis zum letzten Pariser Blatt, vorwarfen, er sei nur ein Poet, kein Politiker, er in dieser großen Krisis der einzige, der größte Politiker Frankreichs gewesen ist, dass die humane Politik dieses Mannes, die Friedenspolitik, in Frankreich durchdringen werde. Er hat den alten Titel der gloire francaise gänzlich gestürzt; er hat gesagt, Napoleon war kein Diplomat, er wusste nicht mit den Völkern umzugehen; sein einziger Diplomat war die Kanone. Die Brutalität des Kanonierens (Gelächter) und des Füsilierens hat Lamartine in den Herzen der Franzosen, welche lange Zeit rechte Narren des Pistolenschießens und des Kanonierens gewesen sind, für immer gestürzt; denn selbst die Kriegspartei hat ihm Beifall gegeben, und der National hat es nicht vermocht, mit den großen Gedanken des Reformators der französischen Republik etwas anderes vorzunehmen, als zu wiederholen, was Lamartine in seinem Manifest gesagt hat. Wenn Marat, früher der größte Anhänger der Kriegspartei, nichts anderes wusste, als diesen Gedanken zu wiederholen und ihn seiner Partei, der Kriegspartei, der ehemaligen napoleonischen Kriegspartei, zu empfehlen, so werden Sie mir zugeben, das Kriegsgelüste ist in den Herzen der Franzosen gestürzt. Wir haben also alle Ursache, uns darauf zu verlassen, dass die Franzosen diesen Weg, der ihnen einen großen Einfluss in Europa verschafft, der sie auf eine neue Stufe der Macht in Europa erhoben hat, beibehalten, und dass es möglich geworden ist, jenen Vorwurf, den wir ihnen einst mit Recht gemacht haben, sie wären Länderfresser, sie wären Kriegslustige; sie wären es, die uns das Elsass genommen hätten, die uns die Pfalz verbrannt, die uns durch ihre Eroberungsgelüste so viel Unheil zugefügt haben, ich sage, dass es jetzt möglich geworden ist, diesen Vorwurf den Franzosen abzunehmen. Und wenn ihre politischen offiziellen Organe dieses aussprechen, so werden wir einigermaßen uns beruhigen können. Nun dies möglich geworden ist, so haben wir von Seiten der Franzosen alle Hoffnung, dass, wenn unser Gedanke von jenem Volk aufgefasst wird, alles dazu hinwirkt, die ungeheure Last der Bewaffnung des Militärs, diese verrückten Festungsbauten, wie den von Paris, welcher Millionen und Milliarden verschlungen und zu nichts genützt hat, als den Beutel des französischen Volks zu leeren, diese ganze Dummheit der Festungswirtschaft aufzugeben und die Barbarei der Kriegspolitik in Europa zu stürzen. Wenn die Franzosen zu diesem Gedanken gelangt sind, werden wir hoffen dürfen, dass die ganze Welt dazu gelangt; denn die Engländer sind nicht dagegen, und wir Deutsche sind ein friedfertiges Volk; wir wollen den Krieg weder um des Ruhms noch um des Vorteils willen.

Es sind aber nicht nur die Franzosen, welche die Möglichkeit einer europäischen Entwaffnung in Aussicht stellen, es sind auch die Engländer, die dasselbe in Aussicht stellen, denn die Cobden'sche Partei ist es, die schon lange darauf angetragen und vor der Revolution schon darauf gedacht hat, man müsse eine europäische *Bewaffnung* herbeiführen. (Heiterkeit. Mehrere Stimmen: *Entwaffnung*, nicht *Bewaffnung!*) Die *Bewaffnung* ist wahrlich groß genug, da wir ja eine ganze Million Soldaten auf die Beine bringen wollen, aber die *Entwaffnung* habe ich natürlich gemeint. Die Cobden'sche Partei hat dies schon im Jahre 1847 vorgeschlagen; des Engländers Ansicht von Krieg ist überhaupt eine ganz andere als die der GLOIRE, des Pistolen- und Kanonenschießens; englische Ansicht vom Krieg ist die, dass man Soldaten hat, um sie zu merkantilen und zivilen Zwecken zu gebrauchen; sie betrachten den Krieg nur als ein Handelsmittel, als einen bewaffneten Handel mit den Barbaren. Das ist die Ansicht der Engländer vom Krieg, so haben sie mit China gewirtschaftet, und so würden sie mit Deutschland wirtschaften, wenn Deutschland nicht aufhörte, ein China zu sein, was zu bewerkstelligen wir eben im Begriff sind, wir arbeiten hier daran, dass diese chinesische Wirtschaft in Deutschland endlich ihr Ende erreiche. (Bravo und Händeklatschen.) Wenn die Engländer also aufhören, uns für eine Nation zu halten, die man mit Gewalt benützen und auskaufen kann, so haben sie keine Ursache, kriegerisch sich gegen uns zu verhalten. Auch wird Niemand daran denken, und es hat Niemand daran gedacht, dass die Engländer uns erobern könnten oder wollten. Man hat immer gewusst, dass die Engländer dies nie im Sinne hatten, denn die englische Bewaffnung ist so gut wie keine. England ist schon so gut wie entwaffnet. Hingegen mit Frankreich ist es etwas anderes, welches erst jetzt durch uns und durch die Verhältnisse im Osten Europas von der Möglichkeit einer Entwaffnung überzeugt werden muss.

Endlich unsere, die deutsche Ansicht der Sache brauche ich Ihnen nicht lange zu entwickeln; unsere Ansicht ist nicht kriegerisch, wir haben keine große Feldherren, und die wir

hatten, haben mehr ein populäres als ein Feldherrn-Ver-
dienst, wie der alte Blücher, dessen Talent zurückstand hinter
der großen Popularität, womit er die Massen zu behandeln
wusste; und wäre er auch ein noch so großer General gewesen, so ist sein populärer Ruhm so eigentümlicher Natur,
dass diejenigen Herren, welche eine besondere militärische
GLOIRE im Auge haben, gewiss die Größe Blücher's[25] nicht
zum Muster nehmen werden. (Heiterkeit in der Versammlung.) Bei uns überhaupt, meine Herren, die wir denn doch
nur ein philosophisches Volk sind, haben die schlagenden
Gründe bis auf die letzte Zeit, die ich allerdings bedaure,
kein sonderliches Gewicht gehabt; wir sind immer der Meinung gewesen, mit Gründen der Vernunft könne man durchdringen, und ich bin noch der Meinung, dass selbst in der
Majorität dieser Versammlung die Gründe der Vernunft
prävalieren werden. (Bravo und Händeklatschen.) Obgleich
die Majorität dieser Versammlung in einigen Fragen gegen
meine Ansichten ist (Gelächter), so glaube ich doch, wie
ich schon bei anderer Gelegenheit gesagt habe, dass zuletzt
die Vernunft der Sache die Majorität vollkommen beherrschen wird, und dass es ein Frevel wäre, mit »schlagenden«
Gründen gegen eine solche Majorität aufzutreten, wie denn
auch der Frevel, den die Franzosen zu früh, und ehe noch
die Versammlung sich gehörig diskreditiert hatte, unternehmen, gänzlich fehlschlug und von Rechtswegen unterdrückt
wurde.

Meine Herren! Wir haben mit unserer ganzen Entwick-

25 Gebhardt Lebrecht Blücher (ab 1814 Fürst Blücher) war ein preußi-
    scher Generalfeldmarschall, der durch den Sieg über Napoleon in der
    Schlacht bei Waterloo (Juni 1815) berühmt wurde.

lung auch in der letzten Periode dargetan, dass wir dem Militär abgeneigt sind; alle unsere Empörungen sind Empörungen gegen das Militär, viel weniger gegen die Regierungsgewalt und das Königtum, es waren Empörungen gegen das Militär, und diese Empörungen gegen die Junker im Militär, gegen die Garde du Corps etc., sie indizieren den germanischen Geist, dass wir eine bürgerliche Freiheit und keine Militärwirtschaft wollen (Bravo!); unsere ganze Bewegung hat die Richtung auf den parlamentarischen Kampf, und diesen kann Niemand besser eingehen als eine philosophische Nation, welche das Gesetz der Majorität anerkennt, aber auch die Anarchie des theoretischen Geistes, die freie Diskussion der Minorität, welche das Recht hat, fortwährend zu protestieren und neue Majoritäten zu schaffen durch die Presse, durch die Volksversammlungen und durch alle agitatorischen Mittel, die gerecht, erlaubt, und durch unsere Revolution feierlichst sanktioniert worden sind, und welche der richtige Instinkt des Volkes sich nicht wieder nehmen lassen wird (Bravo!).

Meine Herren! Unsere Bewegung geht darauf hin, das Militär zu entwaffnen und das Volk zu bewaffnen, das Volk aber nicht als militärische Cadres zu organisieren, sondern, wie Nord-Amerika und die Schweiz schon längst getan haben, als Miliz. Wir dürfen uns nicht fürchten vor den Russen und Barbaren. Wir können heute entwaffnen, es hätte nichts zu bedeuten; wir würden uns zu halten wissen, wie die Schweiz sich zu halten gewusst hat, als man noch in ganz Europa meinte, die Schweiz hätte gar keinen Willen, und mittelst der Noten lächerlicher Gesandten könnte man mit der Schweiz anfangen, was man wollte. Die Schweiz hat gesiegt, und die Schweiz hat gezeigt, dass auch die kleine Nation, die sich erhebt, eine Großmacht ist (Bravo!). Es ist aber nicht bloß der Zug unserer Geschichte, welcher uns darauf hinführt, das Volk zu bewaffnen und die stehenden Heere aufzuheben, sondern es ist auch das ungeheure Bedürfnis, diese furchtbaren Ausgaben für Müßiggänger und Fresser des Staatsvermögens aufzuheben, und diese vielen Millionen und Milliarden auf die Industrie und auf die Schulen zu verwenden, und schon die Kinder in diesem Spiel der Waffen zu üben, damit sie es als Männer von selbst verstehen. Das ist der Zug der deutschen Geschichte, das die Möglichkeit, welche die Engländer uns bieten, den Entwaffnungskongress einzuleiten, das die Möglichkeit, welche uns auch die Franzosen bieten. Wir können also bei einem Völkerkongress, wo wir diese populäre Idee, die kein Utopien ist, sondern die in der Schweiz und in Amerika bereits existiert, wir können für die Schöpfung jener großen, einfachen Republikaner jetzt auch bei uns in Europa auf Sympathien und auf Erfolg rechnen. Wir brauchen nur diesen Gedanken in den Kongress zu werfen, und wir werden Sympathien finden. Der Franzose wird es uns danken, dass das peuple philosophique einmal einen nicht somnambulen und nicht träumerischen, sondern einen realen, den realsten Gedanken herbeibringt, und sie auffordert, in diesen Gedanken einzugehen; die Engländer werden finden, dass wir ihren Vorschlag von 1847 gut benutzt haben.

Um uns von der Wichtigkeit der Entwaffnung zu überzeugen, sehen wir nach Nord-Amerika. Es ist dort eine durchgehende politische Maxime, keine stehenden Heere zu haben; das zeigen alle Paragraphen der amerikanischen

Konstitution, welche auf diese Sache Bezug haben. Es gibt keine einzige Konstitution in Amerika, in welcher nicht der Paragraph stände, dass die stehenden Heere in Friedenszeiten gefährlich sind, und dass sie nirgends existieren sollen, ohne die jedesmalige Zustimmung der gesetzgebenden Versammlung. Dass das Heer unter der genauen Kontrolle der Zivilmacht gehalten und von der Zivilmacht absolut beherrscht werden soll, das ist ein Grundsatz der amerikanischen Konstitutionen, welcher, von Washington eingeleitet, in alle Einzelverfassungen übergegangen ist; und es ist eine Maxime, welche durchaus in die deutsche Konstitution und unter die Maximen des öffentlichen Verhaltens eingereiht, die aber auch in das europäische Völkerrechtssystem hineingelegt werden muss. Denn wir müssen den bewaffneten Frieden, welchen aufrecht zu erhalten, eine Unmöglichkeit ist, abschaffen, nicht nur, weil es eine Unmöglichkeit ist, sondern auch, weil er eine Barbarei ist, ein ganz verkehrter Weg gegen alle Ordnung der Freiheit, gegen die neue Ordnung, gegen die demokratische und republikanische Ordnung, die wir gründen wollen; wir müssen die alte Furcht vor den Fremden, wir müssen die Furcht, dass die französischen Kriegsparteien uns verschlingen möchten, dass die Russen uns verschlingen könnten, zerstören, und dafür die neue Idee annehmen, das Selbstbewusstsein und Kraftgefühl eines freien Volkes, welches jeden Augenblick sich erheben und seine Feinde niederschlagen kann.

Ich habe Ihnen gezeigt, meine Herren, dass ein europäischer Völkerkongress zu einer allgemeinen Entwaffnung durch die Ereignisse der letzten Bewegung vorbereitet ist, dass in den Köpfen der Franzosen dafür die Prämissen vorhanden sind, dass bei den praktischen Engländern dieser Gedanke eine angemessene Geltung gewonnen hat, und dass derselbe in unserer Bildung und politischen Tendenz schon liegt, denn wir haben ihn in Europa erfunden mit unserer Erhebung gegen alle Militärwirtschaft, und es ist nur diese Tatsache allgemein zu formulieren in dem Gedanken: Also muss das Militär überhaupt aufhören, damit die Unbewaffneten nicht mehr unterdrückt, damit die Städte nicht mehr bombardiert werden, damit die ganze schlechte Wirtschaft des alten Regiments aufhöre und die bürgerliche Ordnung nur durch die Bürger aufrecht erhalten werde.

Es ist nun die Frage, was wir von diesem Kongress der freien Völker, d. h. ihrer Abgeordneten, zu erwarten haben. Nichts Geringeres, als dass der Frieden in Italien, dass der Frieden in Polen wieder hergestellt werde. Nur ein solcher Kongress, auf der Basis allgemeiner Entwaffnung errichtet, ist im Stande, recht im Sinne der europäischen Bewegung, die nichts anderes will als die gegenwärtige Revolution, als die auf parlamentarische und bürgerliche Freiheit gerichtete Bewegung, aufrechterhalten, sie in dem Geleise zu erhalten, wohin sie gehört, das heißt, in dem Geleise der Rekonstituierung aller europäischen Völker, und ich schließe hiervon Russland nicht aus. Die Bewegung wird die Macht haben, auch Russland zu rekonstituieren, wie dies ja auch in Österreich und Preußen geschehen ist, und wenn es noch nicht ganz geschehen ist, wird man die Gegner bald noch definitiv stürzen. Auch in Russland wird die Militärwirtschaft aufhören, und wenn die freien Völker sich genötigt sehen, dazu hilfreiche Hand zu leisten, so wäre dies der letzte Krieg, der Krieg gegen den Krieg, der Krieg gegen die Barbarei, welche

der Krieg ist. Ich bin der Meinung, dass ein solcher Völkerkongress, den anzubahnen Deutschland die Macht und sogar
die Pflicht hat, eine friedliche Lösung der europäischen Differenzen herbeiführen wird. Es ist mit uns die Sympathie der
Franzosen für die Befreiung Polens und Italiens, es ist mit
uns der Vorteil der Engländer in allen Reichen der Welt –
denn die Engländer können in Europa nicht, wie in China,
mit Kanonen Handel treiben – die Sitte dieses freien Han-
delsvolkes, und, meine Herren, das Dritte ist unser eigener
Idealismus, unsere Gewohnheit, dem Gedanken die Ehre zu
geben, großen Gedanken zu folgen, und die großen Gedanken der Philosophen und Dichter zu ehren, ein Idealismus,
welcher in unserm Volk steckt, weil es bisher nichts hatte als
Gedanken, und weil ihm die Realität des Staatslebens fehlte.
Dieser Idealismus ist uns eine Bürgschaft, dass wir zu der
Konsequenz unserer geistigen Bildung uns hinreißen lassen
werden, diesen Gedanken der Entwaffnung mit Energie zu
ergreifen und durchzuführen. Die drei großen Nationen
Europas, England, Frankreich und Deutschland, werden sich
also in dem Gedanken einigen, und Russland wird sich nicht
isolieren. Und wenn es sich isolieren wollte, so würde es den
letzten Krieg, den Krieg gegen das barbarische Militärsystem,
verlieren, wogegen sich jetzt schon seine eigene Bauernbevöl-
kerung erhebt. Es ist dies kein utopischer Vorschlag, sondern
dieser Gedanke hat alle Prämissen des Gelingens für sich.

Ich schlage Ihnen daher vor, meine Herren, dass Sie
diesen Zusatz in die Grundsätze und Maximen für die politischen Verhältnisse, für die völkerrechtlichen Verhältnisse
Europas mit aufnehmen, und dass Deutschland die ehren-
hafte Mission in die Hand nimmt zu einer allgemeinen

Bewaffnung (Viele Stimmen: *Entwaffnung!*), Entwaffnung –
so sehr, meine Herren, ist man von den fixen Ideen der alten
Zeit durchdrungen – damit es möglich werde, die Revenuen
des Staates zu Zwecken der Industrie und der Bildung des
Volkes anzuwenden, und dem Volke wirklich zu helfen,
indem wir den ungeheuren Alp der fixen Idee, ich meine
die Militärwirtschaft, von der Brust des deutschen Volkes
abwälzen. Dreißig Jahre lang haben wir diese Fresser unterhalten, und als es zum Klappen kam, sind sie überall geschlagen worden von Leuten, die keine Waffen hatten. (Bravo auf
der Linken.) In Berlin sind sie geschlagen worden. (Bravo
auf der Linken. Auf der Rechten eine Stimme: Sie sind in
Prag nicht geschlagen worden! Andere Stimmen: Schluss!)
Sie brauchen mir nicht »Schluss!« zuzurufen, ich hätte schon,
wenn Sie mich nicht unterbrochen hätten, selbst geschlossen.
Ob das Militär in Prag geschlagen worden ist, ist mir einerlei,
ist es auch nicht geschlagen worden, so wird es gewiss noch
geschlagen werden. Ich schlage Ihnen vor, meine Herren,
dass dieser Zusatz in die allgemeinen Grundsätze unserer
Politik, wofür wir die Initiative ergreifen wollen, mit aufgenommen werde. (Stürmisches Bravo von der Linken. Einige
Stimmen: Abstimmung!)

DER SOZIAL-DEMOKRATISCHE FREISTAAT:
EIN BLICK IN DIE ZUKUNFT

I. Das demokratische Prinzip

Das demokratische Prinzip ist die bewusste Selbstbestimmung, welche die ganze Gesellschaft durchdringt und bewegt. Die Anwendung des demokratischen Prinzips auf Eigentum, Arbeit und Verkehr ist die Lösung der sozialen Frage, die Durchführung des demokratischen Prinzips in der ökonomischen, der politischen und der freien Gemeinde, oder in der sozialen, politischen und idealen Welt ist die Gründung des sozialdemokratischen Freistaates.

Der Grundpfeiler des sozialdemokratischen Freistaates ist die Einsicht, welche jede (auch die ökonomische) Sklaverei in ihrer Quelle entdeckt und sofort den Willen und die Macht erzeugt, sie zu entfernen, sei es aus dem eigenen Gemüt, sei es aus der Gesellschaft. Dieser Reinigungsprozess der sittlichen und der Gedankenwelt (der Ideen und des Willens, des theoretischen Geistes und der Praxis) hört nie auf; er beginnt in unserer Zeit mit dem Grundsatze: Es gibt keine Autorität in der Gedankenwelt und keinen Dienst, weder in der politischen noch in der sozialen Welt. Es ist darum schwer, die Staatsform zu erreichen, welche auf der bewussten Selbstbestimmung beruht. Die Menschen sind geneigt, fünf gerade sein zu lassen, ihre Gedanken von Anderen zu nehmen und ihren eigenen Willen einem fremden leichtsinnig zu unterwerfen. Im freien Volksstaat darf aber niemand je die Prüfung alles dessen, was geschieht, unterlassen und keiner blind einem Führer oder Unternehmer folgen; das erste Erfordernis der Freiheit ist, jeder urteile und handele selbst. Das Gemeinwesen ist seiner Freiheit erst sicher, wenn das Urteil und der Wille aller soweit gereift sind, dass die Mehrheit nie Beschlüsse fasst, welche die Selbstbestimmung der geistigen, der politischen und der sozialen Menschheit wieder aufheben und Einzelnen die Sorge für alle zu denken und zu wollen übertragen. Die Gründe, aus denen die Menschen ihre Freiheit verlieren, sind immer ihr Mangel an eigenem Urteil und eigenem Willen. Wie im politischen Gemeinwesen, so in der Gewerbs- und Handelssozietät.

Aber so schwer es deshalb ist, die wahre Staatsform und die Sozietät freier Teilnehmer zu gründen und festzuhalten, so gewinnt doch im Verlauf der Fortbildung des Menschengeschlechts die Demokratie in der Geistesbildung, in der Politik und im Sozialismus notwendig das Übergewicht, weil es zuletzt im Interesse aller liegt, an der Stelle des Betrugs die Wahrheit, an der Stelle des Hässlichen das Schöne, an der Stelle des Unrechtes das Recht, an der Stelle der Ausbeutung gegenseitige freie Leistung, an der Stelle des Elends gesicherte menschliche Zustände zu erblicken. Nicht, dass es dem Menschen gegeben wäre, jede Abweichung vom Recht, von schönen Formen, von der Wahrheit und von der menschlichen Lage der Menschheit unmöglich zu machen; aber er vermag in seiner Staats- und Gemeindeordnung das

Recht, die Schönheit, die Wissenschaft und die Humanität zur Herrschaft zu bringen, und was die schwierigste, die noch nie erreichte Voraussetzung von alledem ist, er vermag die Sozietät freier Teilnehmer zu gründen.

Die Aufgabe des sozialdemokratischen Freistaates ist, *die wahre Humanität* in dem idealen Gebiet (Wissenschaft, Kunst, Religion), im politischen Gebiet (in Staats- und Völkergemeinschaft) und im sozialen Gebiet (in der Sozietät freier und gleicher Teilnehmer) zu konstituieren. Die Einrichtungen der menschlichen Gesellschaft in allen drei Gebieten sollen darauf angelegt sein, den wahren Menschen hervorzubringen.

II. Der Demokrat

Die menschliche Gesellschaft soll so eingerichtet sein, dass sie den wahren Menschen hervorbringt.

Noch hat es kein Staat der Erde erreicht, dass er in allen Dingen auf die Hervorbringung und Sicherung der Menschenwürde in jedem Menschen angelegt ist und hinarbeitet. Freistaaten, welche geistige und industrielle, ja, welche wirkliche Sklaverei dulden, wechseln auf der bewohnten Erde mit Despotien, welche die Ungerechtigkeit in Gesetz und Sitte, die Entwürdigung der Menschen durch ihre Einrichtungen geflissentlich festhalten. Die einen wollen zwar die Würde des Menschen, können sie aber in Gesetz, Institutionen und Sitten nicht überall erreichen; die anderen hingegen gründen sich geradezu auf die Entwürdigung aller, denn selbst ein unverantwortlicher Dalai-Lama ist ein entwürdigter Mensch.

Wir können daher nicht sagen, die Welt ist so weit gekommen, dass die Einrichtungen der menschlichen Gesellschaft den wahren Menschen mit einiger Sicherheit hervorbringen; im Gegenteil, es kostet jeden noch immer einen harten Kampf mit den Verhältnissen, wenn er aus eigener Kraft zu dem sich emporarbeitet, was der Mensch sein soll. Der Kampf mit sich, mit anderen Menschen und mit der Natur wird keinem je erlassen; aber die Verhältnisse des Staates, der Gemeinde, der Familie können so geordnet sein, dass sie die Ausbildung des wahren Menschen nicht hindern, sondern unterstützen.

Der Demokrat will diese öffentlichen Einrichtungen und Sitten, er will also vor allen Dingen die Jugend der Demokratie sichern, sie urteilsfähig und willenskräftig, arbeitsfähig und geschäftskundig machen und sie vor Verderbnis und Entwürdigung bewahren.

Die unbefangene Jugend ist demokratisch. Die Gleichheit ist in ihren Sitten, die Freiheit ist ihre Sehnsucht und ihre Leidenschaft, die Schönheit ist sie selbst und der Wahrheit setzt nur sie kein Vorurteil entgegen, die Jugend allein weiß die Wahrheit zu schätzen und für sie zu erglühen und zu dulden. Die Jugend ist die natürliche Demokratie, die Jugend frei organisieren, heißt die Menschheit retten, diese Organisation der Jugend allgemein machen, heißt die Demokratie gründen.

Der Demokrat ist der Jüngling, den das frei organisierte Jugendleben hervorbringt. Sein Stolz ist die Gleichheit, seine Leidenschaft die Freiheit, seine Liebe die Schönheit und seine Gedanken sind keiner Autorität und keiner blinden Überlieferung untertan; er prüft und entscheidet von sich aus. Der Demokrat verliert nie den Aufschwung der Jugend, ihr Rechtsgefühl und ihren Idealismus, noch in seinem höchsten

Alter ist die Jugend seine Pythia, ihrem Gefühl traut er mehr als seiner Weisheit. Er verliert nie Rezeptivität gegen die allgemeine Geistesbewegung. Aber er lässt sich von dem Gefühl nie zum blinden Vertrauen gegen hervorragende Männer hinreißen, welche die Strömung des Geistes leiten. Er findet es der Gleichheit nicht entgegen, dass ein denkender Mann in der Volksgemeinde den Ausschlag gibt, aber er ist unbedingt für den Ostrazismus[26] gegen die Götzen der Menge. Der wahre Ostrazismus aber ist ihm die Bildung des Volks; der Demokrat weiß, dass ein ungebildetes Volk immer in die Hände von Gauklern, Pfaffen und Verführern fällt, und dass nur die allgemein verarbeiteten Prinzipien der Freiheit und nur die edelste Geistesverfassung des Volkes den wahren Staat und den wahren Menschen hervorbringen können. Er ist darum ein Gegner der rohen Natur und sucht die Demokratie nicht in der Plumpheit, in der wüsten Gestalt und in dem Hass der Kunst, vielmehr denkt er die Schönheit seines Volkes gymnastisch und künstlerisch und seine eigene körperlich und geistig hervorzubringen. Er sieht in den Feinden der Philosophie und der Kunst, wenn sie keine Dummköpfe sind, die gefährlichsten Feinde der Demokratie. Er kann nur die Humanität zum Grundsatz, zum Gesetz und zur Sitte erheben wollen; er hasst und verfolgt die Rohheit, die Grausamkeit, die Liederlichkeit und die Frivolität. Nur die edle Leidenschaft, nur die sittliche Entrüstung hat eine weltverjüngende Macht, nie hat der wilde Frevel und das Gelüst der Gemeinheit eine Revolution gemacht; dieser Wahnsinn ist der ärgste Gegner aller wahren Volkserhe-

26 Ostrazismus bezeichnet das Ignorieren, Ausgrenzen oder Bekämpfen einzelner Personen oder Gruppen.

bung. Der Demokrat wird im gerechten Zorn die Feinde der Menschheit vertilgen, er sieht in dem Schrecken vor der sittlichen Entrüstung des Volks und vor der Rache der Unterdrückten einen tragischen Akt der Weltgeschichte – dieser Schrecken ist das Gewissen der Verruchten, die bis dahin gewissenlos waren –, aber er wird nie der Ansicht huldigen, die Freiheit durch organisierte Tyrannei zu gründen und durch Blutgerichte zu verteidigen. Die Autokraten und Müßiggänger des alten Systems wird er nicht töten, sondern durch Kolonisierung für die Menschheit wieder zu gewinnen suchen, wenn eine große Maßregel über das Schicksal des Volks und seiner Feinde entscheiden muss. (…)

Der Sieg der Demokratie wird ihre Gegner sehr erschrecken, denn es ist der Boden unter ihren Füßen, den er hinwegnimmt. Sie gingen, wie die Göttin des Frevels beim Homer, mit weichen Füßen auf den Köpfen der Menschen einher; plötzlich regt und schüttelt sich dieser Boden tausend und millionenfältig; entsetzt finden sie sich auf der rauen Erde gleich wie die anderen Menschenkinder. (…)

Ich habe gesagt, was der Demokrat ist, und wie er hervorgebracht wird. Ich hätte nicht hinzugefügt, was er nicht ist, wenn nicht die Leidenschaft der Rache, welche nach den Gräueln der letzten Zeit das Volk bis ins Innerste ergriffen hat, jetzt von vielen für die einzige Politik der Demokratie ausgegeben würde. Es kann vielen begegnen, dass sie in dieser Leidenschaft der Rache auf- und untergehen, nur die Leidenschaft führt zum Sieg; aber die Demokratie muss den Tag der Rache überleben und am ersten Tage des Sieges das Reich der Vernunft und Humanität nicht nur proklamieren, sondern auch in den Maßregeln betätigen. So lag der

Fehler der provisorischen Regierung der Republik nicht in den Grundsätzen des Friedens, die sie proklamierte, sondern darin, dass sie den Schein des Sieges für den wirklichen Sieg nahm und der Leidenschaft mitten im Kampf die Spitze abbrach. Die Revolution ist dadurch nur um so blutiger geworden, man hat den Kampf, den man beendigen wollte, nur verlängert. (...)

Die veränderte Stellung der Frauen haben wir nur mit einem Worte erwähnt, als wir sie gleichberechtigte Teilnehmer am Geschäft der Gesellschaft nannten. In der Landgemeinde, wo sie überall wesentlich mitwirken, wird man nicht daran denken, sie zurückzusetzen; in der städtischen Gemeinde hingegen hat das Lohnverhältnis sie so weit entwürdigt, dass ein Teil von ihnen sogar ein Gewerbe daraus macht, für Lohn sich preiszugeben; die selbstständigen Geschäfte, welche ihnen hier übrig bleiben, sind fast alle nicht einträglich; als Dienerinnen haben sie eine wenig geachtete Stellung; als Töchter in der vornehmen Familie arbeiten sie nicht mit; und als wohlhabende Hausfrauen sind sie die weibliche Herrschaft, die ebenfalls nicht mitarbeitet. Hiervon machen nur die Hausfrauen der Kleinbürger eine Ausnahme, welche die Eigenschaft der Magd und der Hausfrau in sich vereinigen. Die Rolle der Frauen in der Gesellschaft, zuerst die Verjüngung der ganzen Gesellschaft durch die Kinder, die sie zur Welt bringen, und die Pflege der ersten Jugend, dann die Pflege der Schönheit und der Liebe, endlich die Geschäfte des Hauses und der Privatökonomie, – alles dies ist über die gewöhnliche Schätzung erhaben, weil genau genommen, nicht irgend ein Produkt für die Gesellschaft, sondern die ganze Gesellschaft selbst in ihrer Verjüngung und Idealisierung das Produkt der weiblichen Tätigkeit ist. Ökonomisch werden die Frauen deshalb zu niedrig gestellt. Sie verdienen eine gesellige Bevorzugung und eine ökonomische Gleichstellung, weil ihre Produktivität und ihr wesentliches Geschäft über alle Schätzung erhaben ist. Sie aber vor allen müssen dem Lohnverhältnis, worin der Mensch seine Tätigkeit einem fremden Willen preisgibt, entzogen werden, damit sie nicht in Versuchung geraten, sich selbst, die Liebe und die Schönheit zu verkaufen. Nichts veredelt ein Volk mehr als die Achtung vor dem weiblichen Geschlecht; nichts befreit es sicherer als die gesellschaftliche, d. h. die ökonomische Emanzipation der Frauen.

Keine Dienerinnen, keine Prostitution; keine Herrin, keine Überhebung. Die schöne Humanität beginnt erst mit der Aufnahme der Frauen in die Sozietät unter der Anerkennung, dass sie kein Beiwerk und kein untergeordneter Teil der produktiven Gesellschaft, sondern die Schöpfer ihrer Existenz, ihres Gedeihens und ihrer Veredlung sind. (…)

ANHANG

BIOGRAFISCHE NOTIZ

»Dr. A. Ruge: Gestalt: gedrungen, 5 Fuß 5 Zoll. Alter ca. 50 Jahre. Haare: blond und dünn. Augen: lebendig, blau oder blaugrau. Stirn: etwas hoch und rund. Nase: stumpf. Mund: klein, etwas starke Lippen. Gesicht: rund, etwas bleich, doch nicht kümmerlich. Sprache: fließend, deklamatorisch, mit einiger Schärfe im Ton, doch ohne eigentlichen Nasenlaut. In neuerer Zeit soll er sein Barthaar habe wachsen lassen.«[27] So lautete 1846 die amtliche Personenbeschreibung, mit der die preußischen Behörden die Verhaftung des steckbrieflich Gesuchten anordneten, sollte er preußisches Staatsgebiet betreten. Der Vorwurf: Aufruf um Umsturz, mithin »Hochverrat«. Sein Vergehen: Kritik an den herrschenden Verhältnissen.

Der skurril-präzisen physiognomischen Skizze – nur mit dem Alter lag man leicht daneben, der gedrungene, bleichgesichtige Mann war zu diesem Zeitpunkt noch nicht einmal Mitte 40 – hätte es gar nicht bedurft. Denn Arnold Ruge, der zu jener Zeit vielleicht einflussreichste deutsche Pub-

---

27 Zitiert nach: Helmut Reinalter: Arnold Ruge (1802–1880). Junghegelianer, politischer Philosoph und bürgerlicher Demokrat, Würzburg 2020, S. 137.

lizist, einer der Wortführer der sogenannten »Junghegelianer« (siehe dazu das Vorwort von Herfried Münkler), war europaweit bekannt. Und natürlich ließ er sich, von Freunden vorgewarnt, nicht in Preußen blicken, sondern reiste von Paris aus direkt nach Zürich, um dort mit dem Verleger Julius Fröbel die Edition seiner »Gesammelten Werke« vorzubereiten. Seiner Gelassenheit, seinem Optimismus und seinem Arbeitseifer konnte ein solcher Haftbefehl nicht viel anhaben. Denn im Konflikt mit den monarchischen Behörden – mit Zensur, Bespitzelung, Verhaftungen – hatte er da schon reichlich Erfahrung. Das war zunächst durchaus nicht absehbar gewesen.

Arnold Ruge wurde am 13. September 1802 als erstgeborener Sohn des Ehepaares Christoph Arnold und Sophia Katharina Ruge, geb. Wilcken, in Bergen auf der Insel Rügen geboren. Der Vater hatte es als Pächter eines der Güter des schwedischen Ministers Graf Magnus Frederik Brahe zu einigem Wohlstand gebracht. Auf Gut Bisdamitz am Jasmunder Bodden betrieb die Familie Land- und Viehwirtschaft. In seiner Autobiografie »Aus früherer Zeit« (4 Bde., Berlin 1862) schreibt Arnold Ruge mit Emphase über die Landschaft und Natur Rügens und über seine glückliche Kindheit als »Anführer« (Ältester) einer mit den Jahren wachsenden Geschwisterschar, drei Brüder und vier Schwestern. Durch den Vater intensiv zum Lernen motiviert, bewältigte er die ersten Schuljahre mit leichter Hand und bestand 1818 die Aufnahmeprüfung in des Stralsunder Gymnasium, wo er sofort in die die letzten drei Ausbildungsjahre umfassende Prima aufgenommen wurde. Nach Abschluss des Gymnasiums wollte und sollte er studieren, war aber zunächst über die Wahl der Fachrichtung unschlüssig. Er selbst tendierte zu Theologie oder Philosophie, während der Vater ihn zur Rechtswissenschaft drängte. Aber die Juristerei interessierte ihn nicht, es ging dem jungen Arnold nicht um »Broterwerb«, er wollte »Probleme erkennen«. Also reiste er nach Berlin und belegte dort theologische und philosophische Kollegien, zunächst ohne festes Studienziel. Dort war er besonders vom Philosophen und Theologen Friedrich Schleiermacher fasziniert, der im Verhältnis von Glauben und Wissen für das Vernunftdenken eintrat.

So nahm Arnold Ruge schließlich ein Studium der Philosophie in Halle auf, wo er recht schnell mit den dortigen Burschenschaften in Kontakt kam, in deren Reihen über politische Fragen, die gesellschaftliche Verantwortung der akademischen Jugend und eine »Erneuerung des Reiches«, d. h. die Einheit und Freiheit Deutschlands diskutiert wurde. Ruge fing Feuer. Aber solche »politische Betätigung« wurde nicht nur von den Universitätsleitungen kritisch beobachtet, sie war seit den Karlsbader Beschlüssen von 1819 auch dezidiert verboten, weshalb sie im Geheimen stattfinden musst.

Obwohl völlig unklar war, wie eine Studentenverschwörung die angestrebte Einheit und Freiheit Deutschlands erreichen sollte, schloss sich Ruge der Geheimorganisation »Jünglingsbund« an, die zu Beginn des Jahres 1821 von Karl Follen[28] gegründet worden war. Als der Bund durch die

---

28 Karl Follen (1796–1840) war einer der Wegbreiter der Burschenschaftsbewegung (Gründung einer Studentenbewegung 1814 in Gießen) und trat offen für den »Tyrannenmord« ein, weshalb er der geistigen Urheberschaft des Mordattentates von Karl Ludwig Sand auf den Schriftsteller August von Kotzebue bezichtigt wurde.

Indiskretion eines Mitglieds aufflog, wurde Arnold Ruge im Januar 1824 in Heidelberg verhaftet und zu einer Festungsstrafe von 15 Jahren verurteilt. Begründung: »Teilnahme an einer verbotenen, das Verbrechen des Hochverrats vorbereitenden Verbindung«. Die nächsten Jahre verbrachte er in der Festung Kolberg, bis er im Januar 1830 auf Grund eines königlichen Erlasses begnadigt wurde. Die Festungshaft ließ ihn nicht etwa seine Ansichten überdenken, er nutzte sie vielmehr, um sie zu grundieren und sich akademisch fortzubilden. Noch im Jahr seiner Entlassung promovierte er mit einer Dissertation über den römischen Schriftsteller Juvenal an der Universität Halle. Nur zwei Jahre später legte er seine Habilitation über die »Platonische Ästhetik« vor und wurde als Privatdozent an der Universität Halle tätig.

Aber die Lehre erfüllte ihn nicht, sie war ihm zu weltabgewandt, zu unpolitisch, zumal 1830 die französische Julirevolution stattgefunden hatte, deren Folgen ihn weit mehr fesselten: Die demokratischen Kräfte in ganz Europa nahmen einen neuen Aufschwung. In anonymen Artikeln in den »Blättern für literarische Unterhaltung« begrüßte Arnold Ruge die Julirevolution als großes politisches Ereignis und trat für Pressefreiheit und Volkssouveränität ein. Seine Texte gehörten zu den ersten radikalen Äußerungen »des wieder auflebenden demokratischen Geistes innerhalb der von der metternich'schen Reaktion beherrschten deutschen Staaten«[29].

Als Ruge im Mai 1832 durch Heirat mit der vermögenden Hallenserin Louise Düffer[30] finanziell unabhängig wurde,

29 Vgl. Helmut Reinalter, a.a.O., S. 44.
30 Das Eheglück war nur von kurzer Dauer. Nur ein Jahr nach der Hochzeit verstarb die Ehefrau an den Folgen einer Lungentuberkulose.

widmete er sich wieder verstärkt den politischen Verhältnissen. Jetzt erst, nicht schon während seiner Studien in Berlin, Halle und in der Haft, setzt eine Beschäftigung mit Georg Wilhelm Friedrich Hegel ein, dessen Einfluss Anfang der 1830er Jahre seinen Höhepunkt erreichte. 1834 heiratete Ruge in zweiter Ehe Agnes Nietzsche, mit der er 46 wohl recht harmonische Jahre verheiratet bleiben sollte und fünf Kinder hatte.

Durch seine intensiven Hegel-Studien löste sich Ruge schließlich von einigen seiner burschenschaftlichen Ansichten. Während Hegel in Reihen der Burschenschaften als »preußischer Hofphilosoph«, als »Fürstenknecht« galt, dessen Denken die herrschenden Verhältnisse als vernünftig rechtfertigte, begriff Ruge, dass Hegels dialektische Methode notwendig zur Kritik an politischer und religiöser Knechtschaft herausforderte und auf ihre praktische Veränderung dränge – eine Konsequenz, die von Hegel selbst und seinen Schülern bisher nicht gezogen worden war.

Auch Hegel und sein System waren historische Phänomene, die durch die dialektische Methode »aufzuheben«, zu überwinden sind. Die Philosophie musste politisch, musste zu einer »Philosophie der Tat« werden und sich in den Dienst eines radikalen Sozialismus und Demokratismus stellen, um Vernunft und Wirklichkeit zusammenzuführen.[31]

31 Diese Abwendung vom allein vernünftigen System ist vermutlich ein Grund, warum der vielleicht einflussreichste Publizist des 19. Jahrhunderts nicht in den Olymp der klassischen Philosophie aufgestiegen, sondern heute weitgehend vergessen ist. Nicht Theorie und geschlossene System waren für Ruge das Ziel der Philosophie, sondern die Opposition gegen jeden Status quo, Kritik und Skepsis.

Diese Wendung der hegelschen Philosophie ins Politisch-Praktische sollte nach Ruges Auffassung über den Weg der Publizistik und des Journalismus erfolgen, durch Aufklärung und Kritik. Zu diesem Zweck gründete er im Januar 1838 die »Hallischen Jahrbücher für deutsche Wissenschaft und Kunst«, die schon sehr bald zu einem hoch angesehenen Zentrum des Junghegelianismus, der Religionskritik und der demokratischen Opposition wurden – und die Ruge selbst als »Revolutionsvorbereitung« verstanden wissen wollte.

Das war natürlich durchaus nicht im Sinne der preußischen Machthaber. Es kam zu permanenten Konflikten mit der Zensur, bis die »Halleschen Jahrbücher« schließlich 1841 in Preußen verboten wurden. Arnold Ruge reagierte flugs, wich nach Sachsen aus, verlegte die Redaktion nach Dresden und nannte die Jahrbücher in »Deutsche Jahrbücher« um. Doch auch hier fielen ab 1842 zahlreiche Artikel einer schärfer werdenden Zensur zum Opfer. Um den Restriktionen zu entgehen, ließ Ruge die Zeitschrift zeitweise in der Schweiz drucken, aber es nützte nichts. Schon 1843 wurde das Blatt auch von der sächsischen Zensur verboten.

Zur selben Zeit machte auch ein anderer Junghegelianer, Karl Marx, die gleichen Erfahrungen. Auch die »Rheinische Zeitung«, die Marx 1841 übernommen und zu einer gewichtigen radikaldemokratischen Stimme gemacht hatte, wurde 1843 ebenfalls verboten. Marx und Ruge, die sich kannten und schätzten, vereinbarten nun ein gemeinsames Projekt, das sie von Paris aus realisieren und mit dem sie ihre Anliegen weiterverfolgen wollten: die »Deutsch-Französischen Jahrbücher«. Tatsächlich erschien im Februar 1844 eine erste Ausgabe dieser Zeitschrift, eine umfangreiche Doppelnummer. Es blieb das einzige Heft. Nicht nur war das Blatt, trotz Unterstützung des Schweizer Verlegers und Freund Ruges, Julius Fröbel, hoffnungslos unterfinanziert, es erfolgte auch sogleich ein Einfuhrverbot für die deutschen Länder durch die Regierung in Preußen, und die meisten Franzosen konnten die deutschsprachigen Beiträge nicht lesen. Gleichzeitig erließ Preußen einen Haftbefehl gegen Marx und Ruge, die bei der Arbeit an der ersten Ausgabe darüber hinaus in Streit gerieten. Zwar gab es in den politischen Zielen eine große gemeinsame Schnittmenge, aber in entscheidenden Punkten auch kaum überbrückbare Differenzen. Marx wollte das »Proletariat« zur Revolution und an die Macht führen, Ruge blieb im wesentlichen bürgerlicher Demokrat, der keiner »Klasse« ein Vorrecht einräumen und das Proletariat durch eine Reform ihres Bewusstseins einbinden wollte (siehe hierzu auch das Vorwort von Herfried Münkler). Es kam zum Bruch,

Arnold Ruge zog sich in die Schweiz zurück, von wo aus er erst 1847 wieder nach Deutschland zurückkehren konnte. Er ließ sich in Leipzig als Buchhändler nieder, blieb aber politisch-publizistisch aktiv und wurde nach Ausbruch der Märzrevolution 1848 für Breslau in die Frankfurter Nationalversammlung gewählt, wo er sich der äußersten linken Fraktion anschloss. Erneut gründete er eine Zeitschrift »Die Reform«, die sofort zum Sprachrohr der deutschen Demokratie wurde.

Nach Niederschlagung der Revolution 1849 wurde auch diese Zeitschrift verboten und Ruge zum wiederholten Male zur Fahndung ausgeschrieben. Die politische Polizei des Deutschen Bundes hielt ihn für gefährlicher als den ebenfalls beobachteten Marx. Zusammen mit seiner Familie flüchtete Ruge über Belgien nach Brighton. Hier, in England, schloss er sich Guiseppe Mazzini, Lajos Kossuth und Alexandre Ledru-Rollin und ihrem »Comitato Europeo« an, um eine bürgerlich-demokratische Opposition aufzubauen, die eine gesamteuropäische Republik zum Ziel hatte.

Dieser konföderative Gedanke war es wohl auch, der den späten Ruge wieder mit Preußen und der Politik Bismarcks »versöhnte«. Nur Preußen und Bismarck hielt er für fähig, die Einheit Deutschlands zu gewährleisten und am Ende auch ein vereinigtes Europa herbeizuführen. Für diese »Verdienste um die preußische Politik« gewährte ihm Bismarck ab 1877 sogar einen »Ehrensold« von jährlich 3000 Reichsmark. Dass seine Hoffnung im Großen und Ganzen unerfüllt blieb, und sich der Nationalismus, im Gegenteil, zum Ende des 19. Jahrhundert hin extrem radikalisierte, musste Arnold Ruge nicht mehr erleben. Er starb am 31. Dezember 1880 in Brighton, wo er auch bestattet wurde.

Rüdiger Dammann

EDITORISCHE NOTIZ

Die »Bibliothek der frühen deutschen Demokratinnen und Demokraten« versammelt deutsche Demokratinnen und Demokraten aus den Revolutionsjahren 1848/1849 mit einer Auswahl ihrer Texte. In diesem Zeitraum beginnt eine erste breite, eigenständige, genuin demokratische Bewegung in den 34 Staaten und 4 Freien Städten des Deutschen Bundes, ausgehend von Baden und dem gesamten Südwesten. Die hier formulierten demokratischen Ideen, Pläne und Programme zur Errichtung einer freien, demokratischen Bundesrepublik auf der Grundlage allgemeiner Wahlen, einer sozialen Marktwirtschaft, eines elaborierten Grundrechtskatalogs, der Gewaltenteilung – eingebunden zudem in einer Union der anderen freien europäischen Nationen – fundieren unsere heutige demokratische Gegenwart.

Da die hier vorgelegten Texte nicht Teil einer »wissenschaftlichen« Edition im strengen Sinne sind, sondern die »Bibliothek der frühen Demokratinnen und Demokraten« eine »Publikums-Edition« sein möchte, haben wir die Texte, den heutigen Lesegewohnheiten entsprechend, orthografisch und grammatisch an die gegenwärtig vertraute Rechtschreibung angepasst.

Die hier versammelten Texte von Arnold Ruge sind nur eine kleine Auswahl aus seinem umfangreichen Gesamtwerk (seine »Gesammelten Schriften«, erschienen im Verlag J. P. Grohe, Mannheim 1846–1848, umfassten bereits Ende der 1840er Jahre 10 Bände). Der Schwerpunkt in dieser Edition liegt auf dem Geschehen der Revolutionsjahre 1848/1849. Die hier (leicht gekürzt) wiedergegebene Schrift über den

Patriotismus nimmt dabei den größten Raum ein, weil Ruges Gedanken dazu auf frappierende Weise aktuell sind.

Editorische Anmerkungen bleiben auf ein Mindestmaß beschränkt und wurden nur dort vorgenommen, wo eine kurze Erläuterung (zum Beispiel bei der Nennung von Namen oder Ereignissen wie auch bei der Verwendung von heute nicht mehr gebräuchlichen Redewendungen) zum Verständnis des Textes erforderlich, mindestens hilfreich ist.

QUELLEN

Freiheit und Natur | Arnold Ruge: Zwei Jahre in Paris. Studien und Erinnerungen. Zweiter Teil, Leipzig 1846, S. 350f.

Befreiung | Auszug aus: Der Mensch, eine Skizze, in: Arnold Ruge ebd., S. 367–374.

Politische Thesen | Die Akademie. Philosophisches Taschenbuch. Zweiter Band. Herausgegeben von Arnold Ruge, Leipzig 1848; S. 335ff.

Die Halleschen und die Deutschen Jahrbücher | Die Akademie. Philosophisches Taschenbuch. Zweiter Band. Herausgegeben von Arnold Ruge, Leipzig 1848; S. 74–87.

Der Patriotismus | Arnold Ruge: Sämtliche Werke Bd. VI, Mannheim 1847; zuerst in: Arnold Ruge: Zwei Jahre in Paris. Studien und Erinnerungen. Zweiter Teil, Leipzig 1846, S. 237–246.

Aus Briefen

Offener Brief an Robert Eduard Prutz | Arnold Ruge: Sämtliche Werke Bd. IX, Mannheim 1847, S. 237–346 (Auszug).

Briefwechsel Karl Marx – Arnold Ruge (März bis Mai 1843) | Briefwechsel Michail Bakunin – Arnold Ruge | Brief Ludwig Feuerbach an Arnold Ruge | Briefwechsel Karl Marx – Arnold Ruge (August/September 1843) | Enthalten in: Deutsch-Französische Jahrbücher, Paris 1844, S. 17–40.

Plan der Deutsch-Französischen Jahrbücher | Enthalten in: Deutsch-Französische Jahrbücher, Paris 1844, S. 3–16.

Rede in der Deutschen Nationalversammlung (22.7.1848) | Stenographischer Bericht über die Verhandlungen der deutschen konstituierenden Nationalversammlung zu Frankfurt am Main, hrsg. von F. Wiegard, Bd. II, Frankfurt 1848, S. 1098–1101.

Der sozial-demokratische Freistaat. Ein Blick in die Zukunft | Arnold Ruge: Die Gründung der Demokratie in Deutschland, Leipzig 1849, S. 35–78.

NAMENSREGISTER

Bibliothek der frühen Demokratinnen und Demokraten 1848/1849

2023 jährt sich das Revolutionsjahr 1848 zum 175. Mal. Zu diesem Jubiläum der »Deutschen Revolution« erscheint eine einzigartige Buchreihe, in der erstmals die frühen deutschen Demokratinnen und Demokraten mit ihren Schriften, Biografien, Gedanken und Geschichten versammelt und gewürdigt werden. Im Zentrum stehen die beiden Revolutionsjahre 1848/1849.

Die ersten 5 von 16 Bänden erscheinen im Frühjahr 2023. Die einzigartige Bibliothek ist eine offizielle Kooperation mit der Paulskirchen-Stadt Frankfurt am Main.

Herausgegeben wird die Buchreihe von Jörg Bong, Ina Hartwig, Helge Malchow, Nils Minkmar, Walid Nakschbandi und Marina Weisband.

edition paulskirche